AF233152

LE RÊVEUR

DU PRÊTRE BOUGEANT

PHILOSOPHIQUE,

OU DÉFENSE

DES VÉRITÉS DE LA RELIGION

CHRÉTIENNE,

Contre l'Auteur du Dictionnaire Philosophique portatif.

Par un Ecrivain compatriote.

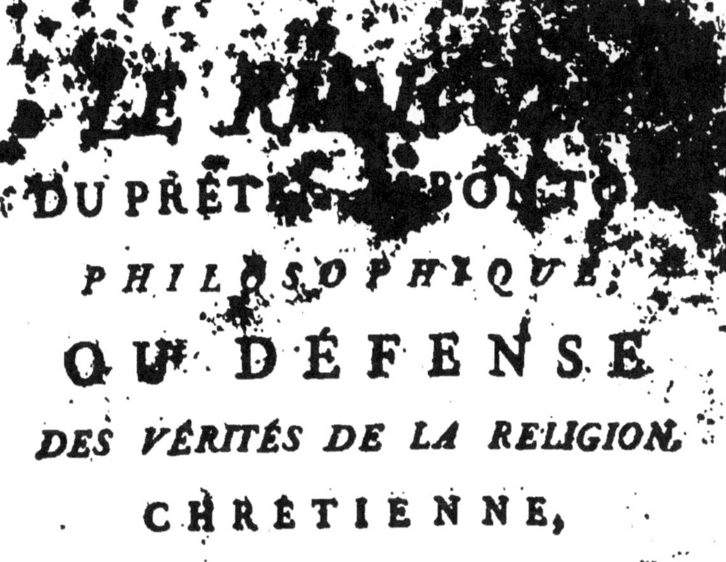

Sapientiam, atque Doctrinam stulti despiciunt.
Les Insensés méprisent la sagesse, & la saine
Doctrine.
Prov. ch. 1. v. 7.

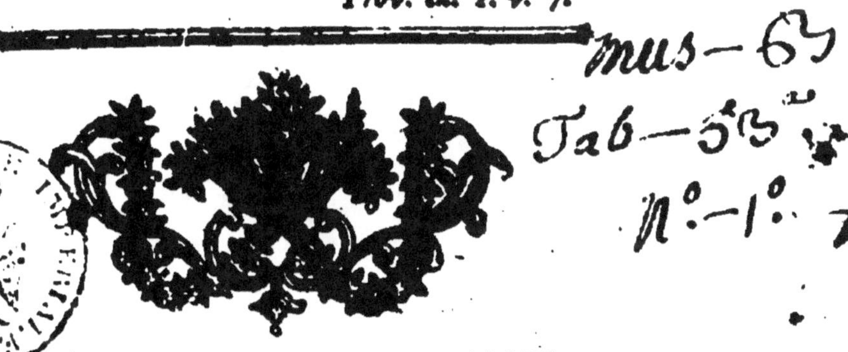

M. DCC. LXVIII.

AU PUBLIC.

L'IMPARTIALITÉ fit toujours votre véritable caractere ; tous vos Jugemens font dictés par la Sageffe ; la vérité feule peut mériter votre aprobation ; vous êtes l'ennemi irréconciliable du menfonge ; il effaieroit en vain de paroître devant vous fous les aparences du vrai ; vous favez éclairer fes plis & fes replis ; tous fes artifices vous font connus. La France fourmille de perfonnes de tout fexe & de tout état, qui fe difent *du Prétendu bon Ton.* Quand une fois on eft parvenu à perfuader qu'on en eft là , l'on prend place de droit parmi les beaux efprits. Vous êtes à portée de découvrir ce nouveau genre de manie : vous pouvez feul bien déchirer le voile qui en cache les horreurs. Il eft inconcevable que dans le fein de la politeffe , la façon de penfer foit devenue fi généralement barbare. C'eft la mode aujourd'hui , parmi les François, qui qualifie leurs actions ; le beau & le bon lui doivent leur prix ; elle fait de tout la regle & le bon ton ; tout fe faifoit il y a quelques années à la *Ramponneau* ; on s'eft laffé de cette façon ,

la légéreté & non le goût de la Nation
l'a proscrite. Tout se fait à présent *à
la grecque*. Que dis-je ! on pense & on
raisonne à la grecque. Pyrrhon fut jadis l'inventeur de cette derniere façon
de mode françoise : Toute la Théologie de ce Philosophe consistoit dans
un doute de toutes choses ; & sa morale à enseigner qu'il n'y avoit rien
d'honnête ou de malhonnête, de juste
ou d'injuste, de bon ou de mauvais en
soi. Les prétendus Philosophes de nos
jours, se disent Pyrrhoniens dans tous
leurs Ecrits, & se montrent tels encore dans toute leur conduite. Puissiez-
vous travailler désormais à faire cesser
d'aussi monstrueux excès, faire entendre votre voix puissante, & donner
de la force à la mienne dans cette ex-
tinction presque générale de la Foi ; dans
ce déluge d'iniquité qui inonde le Royaume, qui en a corrompu toutes les
mœurs, qui semble en avoir banni pour
toujours, au moins parmi un très-grand
nombre, la piété, la candeur, la probité, la justice.

PRÉFACE.

ON fait rarement accueil à la critique de coupables excès adoptés par la multitude. Les gens, sur-tout du prétendu bon ton, n'aiment pas à voir leurs ridicules mis au grand jour, accoutumés à la voix enchanteresse de la flatterie, ils refusent d'entendre celle de la sagesse qui leur reproche leurs torts ; la grande opinion qu'ils ont d'eux-mêmes, & peut-être de leur nom fameux, les rend ennemis de toute contradiction. Quand ils ont parlé, tout est dit ; on doit se soumettre, leurs décisions sont des oracles sûrs ; ce sont de ces génies rares produits à peine dans l'espace de plusieurs siecles, préposés dans une Ville pour en éclairer les Citoyens ; hommes privilégiés de la nature, leurs lumieres, si on les en croit, sont vives & perçantes ; ils n'aperçoivent point de difficultés qu'ils ne puissent aplanir ; toute leur croyance est fondée sur l'autorité de leur infaillible raison, leurs mœurs sont réglées selon les forces judicieu-

sément balancées de l'humanité; leurs usages
sont irréformables; leurs maximes sont belles;
leurs justes ; leurs dépenses sont toujours
proportionnés à leur rang & à la figure
qu'ils sont obligés de faire dans le monde; si leurs revenus sont petits, qu'importe ? Leurs ressources sont immenses, leur
crédit est établi, & la confiance dont ils
jouissent dans le public , est entiere ; on
doit consulter le goût à la mode, & non
ses moyens pour soutenir l'éclat de son
état. Le Peuple est fait pour travailler,
ses talens doivent servir à entretenir le
luxe des gens d'une certaine façon ; se
reformera-t-on parce que l'on manque de
biens ? Plaisant motif ! Quand on a pris
l'essor , il faut savoir le conserver , ou
même l'augmenter aux dépens de tout. C'est-
là le bon ton.

Il est aisé de connoître d'où peut venir ce bon ton prétendu qui a malheureusement gagné presque tous les ordres de
l'Etat, l'incrédulité & la corruption des
mœurs marchent ordinairement d'un pas
égal. Les Philosophes prétendus de notre
siecle ont lu les Ouvrages de l'Antiquité
païenne, ils y ont trouvé des systêmes
pernicieux d'une fausse Religion qu'ils ont
adoptés. La singularité des sentimens, la
hardiesse des pensées, la réputation peut-
être des Auteurs, l'envie par-dessus tout

PREFACE.

de se faire un nom, tout a contribué à les séduire ; d'après ces grands Maîtres du mensonge, ils ont composé des Livres. L'Etranger indépendant de nos Loix & de nos religieux usages, s'est chargé de leur impression ; on les a colportés sous le manteau à Paris & dans la Province : ce debit caché qui auroit dû naturellement les rendre suspects d'erreur, les a fait rechercher avec plus d'empressement ; chacun a voulu avoir des Ouvrages qu'on nommoit philosophiques ; ils sont entre les mains d'une infinité de François qui les lisent sans en apercevoir le poison ; leur esprit dans une telle lecture, s'aveugle ; la Foi s'éteint, leur cœur se corrompt ; les passions sans frein deviennent furieuses ; on boit l'iniquité comme l'eau ; le nom de vertu devient arbitraire ; on ne voit plus rien de bon ou de mauvais, d'honnête ou de malhonnête, de juste ou d'injuste en soi.

Je voudrois bien pouvoir faire sentir ici une bonne fois, toute l'horreur & tout le mépris qu'on doit avoir pour des Livres semblables. La Religion seroit rétablie dans tous ses droits ; les mœurs reprendroient leur pureté & leur innocence, il régneroit plus de bonne foi dans le commerce, la société seroit plus harmonieuse, l'ordre revivroit dans toutes les

PREFACE.

conditions ; l'impie ne se serviroit plus de sa raison que pour connoître quand Dieu parle, & convenir que quand il a parlé, il faut croire à sa parole. Le Libertin rougiroit de ses désordres, & ne feroit plus gloire de les commettre. Le Noble, le Roturier, le Bourgeois se renfermeroient dans leur fortune, ils ne travailleroient plus à faire des dupes de toute part ; ils ne chercheroient plus à se distinguer au préjudice de la bourse du Concitoyen, du Régnicole, de l'Etranger ; ils se contenteroient de se faire honneur des fonds qui sont à eux, & non de ceux du public, qui ne leur apartiennent pas : & ils se convainqueroient pour toujours que ce que l'on doit apeller bon ton, ne peut véritablement se trouver que dans les sentimens d'une soumission entiere à l'autorité des divins Oracles, & dans les actions de sagesse, de probité & de justice. Ce langage paroîtra étrange à plusieurs personnes, d'autres pourront l'aprouver : Je desire ardemment qu'il produise dans tous, l'effet que je me propose.

LE RIDICULE

DU PRE'TENDU BON TON PHILOSOPHIQUE.

LE Christianisme est trop vieux pour plaire aujourd'hui. On veut du neuf jusqu'en matiere de Religion. Des dogmes de dix-huit siecles paroissent surannés au François partisan des Doctrines nouvelles. On voit les prétendus Sceptiques de nos jours, qui passent pour gens d'un génie supérieur, donner au Public les productions d'une imagination féconde en impiétés. On lit d'abord avec quelque trouble, ces sortes d'ouvrages. Dans ces premiers momens on crie plus d'une fois à l'excès de méchanceté; quelque-tems après on les

A

reprend ; on veut les relire ; peu à peu les yeux s'y accoutument , l'esprit se gâte ; le cœur se corrompt ; on cherche à se mettre à son aise. On est charmé de trouver des opinions qui dégagent de toute gêne. On se reproche ses années passées de docilité. Dans ces dispositions on se réjouit, par avance, de la rencontre de ces hommes qu'on dit être du bon ton. On ne manque pas de se rendre dans les lieux où l'on pense qu'ils peuvent se trouver. On croit les apercevoir. C'est eux-mêmes. On court à eux. Apres les complimens ordinaires, la conversation s'engage. On brûle de l'envie de se faire une réputation de bel esprit. On sait qu'il suffit pour cela , de montrer du goût pour la Littérature à la mode. La mémoire est heureuse. On s'en rapelle quelques morceaux qui plaisent. On saisit avec empressement l'occasion favorable de les dire. Avez-vous lu, dit-on, le Dictionnaire Philosophique portatif de .... c'est un chef-d'œuvre d'érudi-

tion. Il faut convenir que le François,
rempli jufqu'alors des préjugés de fes
peres qui étoient tous de bonnes gens,
a de grandes obligations à ce favant
Ecrivain. Que de beautés raviffantes!
Cet Auteur parle d'or; il n'eft pas une
phrafe qui ne foit une vérité démon-
trée; tels & tels endroits des pages...
font bien frapés. Il emporte la piece.
Quel eft l'homme raifonnable qui pourroit les combattre ?

Je ne craindrai pas, hommes qui
avez des yeux, & qui ne voyez plus;
des oreilles, & qui n'entendez plus;
une bouche, & qui ne parlez plus que
pour préconifer le menfonge, (*a*) de
commettre les intérêts de ma raifon,
quand je dirai que ce qui vous fait
crier fi fort au fublime de ce Dictionnaire Philofophique, ne font, à parler
vrai, que des idées hafardées, que
des interprétations fauffes, que des
raifonnemens captieux, des paralogif-

Ici com-
mence la
défenfe des
vérités de
la Religion
Chrétienn.
cont. l'Aut
du Dict.
Phil. port.

(*a*) Pf. 113.

mes que l'efprit prétendu fort défavoue
toutes les fois qu'il fe croit toucher au
moment critique de payer le tribut commun. (*b*) On les voit fans fondement
fûr , contraires les uns aux autres , in-
conféquens. Dès l'entrée de fon ouvrage , le Catéchifte des Déiftes de
notre fiecle , qui fe propofe de jouer
ici le rôle de mauvais plaifant , prend
le ton turlupin. Il le continue dans
prefque toutes les pages, pour avertir
de la foi qu'il donne à l'Hiftoire Judaïque & Chrétienne. Son deffein n'eft pas
une énigme difficile. Il le fait bientôt
connoître. Il veut faire croire par-là ,
que tous les faits que l'une & l'autre renferment , font autant , comme il le dit
ailleurs , de pieufes fadaifes confacrées
par une fuperftitieufe crédulité. Cette
entreprife facrilége eft digne du grand

(*b*) L'Auteur connu du Dictionnaire Philofophique , tomba malade il y a quelques années,
d'une infomnie fâcheufe : on lui fit prendre une
dofe d'opium un peu forte ; fes jours parurent en
danger. Il fit apeller les Prêtres, & leur de-
manda les fecours fpirituels.

oracle de tous les beaux efprits. Voyons-
en le fuccès. Il a découvert au commencement de la Genefe , un anacro-
nifme de foixante ans. Cette découverte
auroit-elle échapé à tous les Savans de
l'antiquité, ou même de notre fiecle ?
Elle étoit peut-être réfervée au nouveau
Catéchifte. Il ofe avancer , mais fans
note qui indique l'endroit de la Genefe,
à l'article d'Abraham , que ce premier
fils de Tharé fortit à foixante - quinze
ans du pays de Haran , après la mort
de fon pere Tharé le potier ; que Tharé , felon la Genefe , ayant engendré
Abraham à foixante & dix ans , ce Tharé vécut jufqu'à deux cens cinq ans , &
qu'Abraham ne partit de Haran qu'a-
près la mort de fon pere.

L'Hiftorien facré ne s'explique point
ainfi. Il eft facile de s'en convaincre.
Prenons le texte. Confultons-en la lettre. Tharé avoit foixante & dix ans
quand il engendra Abram , Nachor , &
Aran ...... Tharé prit Abram fon fils,
Lot fils d'Aran , le fils de fon fils ,

Sarai sa belle-fille, femme d'Abram son fils, & ils sortirent ensemble de l'Ur des Chaldéens, pour aller en la terre de Chanaan. Ils vinrent jusqu'à Haran où ils habitérent ; les jours de Tharé furent de deux cens cinq ans, & il mourut à Haran.

Or le Seigneur dit à Abram, sors de ton pays, de ta parenté, de la maison de ton pere, & viens dans la terre que je te montrerai..... Abram sortit donc comme Dieu lui avoit ordonné, accompagné de Lot. Abram avoit soixante & quinze ans quand il sortit de Haran. (*c*)

(*c*) **Gen. ch. 11.** *Vixitque Thare, septuaginta annis, & genuit Abram, Nachor, & Aran...... tulitque ita Thare Abram filium suum, & Lot filium Aran, filium filii sui, & Sarai nurum suam uxorem Abram filii sui, & eduxit eos de Ur Chaldæorum, ut irent in terram Chanaan : veneruntque usque Haran, & habitaverunt ibi. Et facti sunt dies Thare ducentorum quinque annorum, & mortuus est in Haran.*

Ibid. chap. 12. *Dixit autem* pro *dixerat autem; Est hic prolepsis Dominus ad Abram : egredere de terra tua, & de cognatione tua, & de domo patris tui, & veni in terram quam monstrabo tibi...... egressus est ita-*

Abram étoit l'aîné de sa famille. Si Tharé eut été mort quand Dieu lui ordonna de partir pour aller dans la terre qu'il devoit lui montrer , il ne lui eût pas dit de sortir de la maison de son pere, mais seulement de sa maison. Quelle autre façon de parler ? Dira-t-on jamais à un homme , sur-tout quand on saura que son pere est mort depuis très-long-tems, & que l'on sera en droit de lui ordonner de partir pour aller dans quelque terre éloignée, de sortir de la maison de son pere ? Qu'en semble-t-il à M. l'Académicien de l'Académie Françoise ? Abram quitta Haran & la maison de son pere à soixante & quinze ans , pour aller dans la terre que Dieu devoit lui montrer. Tharé vivoit encore. Il ne fut pas de ce voyage. Il demeura à Haran avec le reste de sa famille ; il y mourut âgé de deux cens cinq ans. (*d*) (*c*)

que *Abram sicut praeceperat ei Dominus , & ivit cum eo Lot. Septuaginta quinque annorum erat Abram cùm egrederetur de Haran.*

(*d*) *Egressus est , scilicet multo antequam pater mo-*

Il faut bien aimer la contradiction ;
& la vouloir par toutes fortes de voies,

reretur. *Aug. civ. cap.* 15. *Nota quod ex Ur dicitur
exiffe anno ætatis.* 52. *ex Haran autem.* 75. *vivo patre, quem fubindé invifebat. Vixit enim pater poftea 60
annis, quo mortuo numquam rediit in Haran.*

(e) Je raporterai ici un fecond fentiment qui,
bien aprofondi, ne laiffe rien à defirer.

Eftius, Sacy, Calmet, & quelques autres
Commentateurs penfent qu'il n'eft pas certain
qu'Abraham foit l'aîné de Nachor & d'Aran.
L'Ecriture ne le place le premier dans la Généalogie qu'elle donne des enfans de Tharé
que parce qu'il devoit être le pere des Croyans.
C'eft un myftere & un privilége de dignité. Sem
dont fortent les Juifs, plus jeune que Japhet, a
le rang fur lui dans le dénombrement des fils
de Noé. Moïfe conducteur & légiflateur des
Juifs, eft toujours nommé de même dans les Livres faints avant Aaron fon frere né toutefois
S Jérôm trois ans avant lui. * Aran eft mort le premier
& S. Aug. de tous ; & ce qui eft à obferver, le premier
auffi qui ait eu des enfans, Lot, Melcha, Jefcha,
autrement Sarai. Nachor époufa Melcha. Abra-
S arai é- ham Sarai. * La date de la naiffance de ces en-
toit niece fans, & de ceux de Tharé, n'eft pas marquée.
d'Abraham Sa foixante-dixieme année n'eft mife que comme
il la nom- celle où il commença à avoir des enfans, & non
me fa fœur comme l'année précife de la naiffance de fes trois
devan-Pha-
raon ; com-

pour en trouver dans ces endroits de l'Ecriture. Le Contradicteur accoutumé depuis long-tems à ce genre de combat, s'en est fait une habitude. Il le répete sans remords toutes les fois qu'il croit en avoir l'occasion. Vous ne le verrez jamais dans ses ouvrages, apliqué sincérement à la recherche de la vérité. Cette découverte ne lui semble pas digne de son ambition. Pourvu qu'il paroisse penser autrement que le vulgaire, il ne demande rien de plus. Chez les Athées il prendroit le ton de Croyant. Il eût été avantageux à la Religion Romaine qu'il fut né en Turquie, il y eut combattu l'Alcoran, & travaillé à établir sur ses ruines le Christianisme. Le

me Il nomme ailleurs, Lot, son frere, selon la coutume des Hebreux qui apellent freres & sœurs, les proches parens. Cet époux de Sarai étoit assuré que Dieu la protégeroit. Il sauve sa vie, en nedisant que ce qui est véritable selon le langage de son pays, & il remet à Dieu le soin de sauver l'honneur de sa femme. *S. Aug. contra Faustum lib.* 22. ch. 36.

fils. On pourroit dire Aran l'aîné de tous ses freres, & Abraham le dernier, né la cent-trentiéme année de son pere. Sa vocation arriva dans l'Ur des Chaldéens, Province de la Mésopotamie. Tharé avoit cent quatre-vingt-deux ans, Abraham cinquante-deux, quand il en sortit avec toute sa famille pour aller à Haran. Il y mourut âgé de deux cens cinq ans.

Luthéranisme, le Calvinisme, le Déïsme , le Matérialisme , ou Spinosisme ; toutes ces Sectes différentes eussent eu leur tour.

Q. Ame. Plus croyant, si l'on veut, que Spinosa, mais aussi se suivant moins que ce misérable Athée ; le Catéchiste des Déïstes de notre siecle, dans le systême qu'on aperçoit qu'il veut établir de la mortalité de l'ame , reconnoît un Dieu. (*Sans cette foi au moins de l'existence de Dieu , pourquoi dire que lui seul peut connoître son essence ?*) La raison alors lui présente un Etre infiniment parfait, éternel, qui n'a point eu de commencement, & qui n'aura jamais de fin. Immense qui remplit tout , qui est présent par-tout. Immuable qui ne change point, dont la volonté est toujours la même. Infaillible qui n'est pas sujet à erreur, qui ne peut se tromper. Tout puissant , qui a pu faire tout ce que nous comprenons , & tout ce que nous ne comprenons pas ; qui a fait tout ce que nous ne voyons pas , &

tout ce que nous voyons, le Ciel, la Terre, les Aftres, les Hommes. les Animaux, les Plantes, les Minéraux, &c. Sage, qui gouverne tout, qui regle tout, qui tient tout dans un ordre admirable. Intelligent, qui connoît tout, qui voit tout, le paffé, le préfent, le futur. Bon, qui fait luire le Soleil fur le jufte & l'injufte, qui fait du bien à tous. Miféricordieux, qui ne demande pas la mort du pécheur, qui veut qu'il fe convertiffe. Jufte, qui récompenfe la vertu, qui punit le vice.

Si tout périt à la mort ; fi l'ame de l'homme eft mortelle ; fi fa fin ne différe pas de celle de la brute ; fi elle fe pourrit comme les oignons & les choux; fi elle fe calcine comme la pierre, dans qui Dieu un jour châtiera-t-il le crime ? & dans qui couronnera-t-il les bonnes actions?

Reconnois, ô homme, ton égarement exceffif dans l'explication que tu veux faire des chofes qui font au-deffus de toi ! tu penfes, tu combines tes penfées , tu en fais des raiſonnemens , tu conclus qu'il y a dans toi un Être qui les produit. Ne cherche pas à lui aſſigner le néant pour terme. Tes penſées peux-tu les voir, les toucher ? peux-tu les diviſer ? Tu es contraint de reconnoître là toutes les propriétés de l'eſprit. Le mode ne ſçauroit être plus noble que ſon principe. Vous croyez , Sophiſte ſubtil, avoir aſſez prévu tousſles argumens, *pag.* 4 *&* 5. *ch. de l'ame.* Je n'en conviens pas. Vous concevez ſans peine , les corps ſans mouvement , la matiere ſans gravitation , les plantes ſans végétation. Ces dernieres ne végétent pas toujours ; & les autres ſont indifférens à graviter , à ſe mouvoir. Vous ne pouvez concevoir l'homme ſans le concevoir être penſant. On l'a défini animal raiſonnable. Il doit penſer avant tout ; j'en infére qu'il penſe toujours ; il ne combine pas de même. Dans l'enfance les reſſorts de la machine ne ſont pas encore formés. Ils paroiſſent s'uſer dans la vieilleſſe. Pendant le ſommeil leur jeu eſt ralenti , &

par-là moins propre aux impreſſions de l'ame. La tulipe quand ſa ſaiſon eſt revenue, combine-t-elle l'activité plus ou moins grande de ſa végétation, la matiere miſe en mouvement, de ſa gravitation ? Vous n'oſeriez répondre affirmativement. Vous pourriez dire plutôt que la végétation, la gravitation, la force motrice, ne ſont que des mots de convention, & rien de plus. La végétation ſert à exprimer la circulation des liqueurs dans les différens canaux de tout ce qui prend accroiſſement, hommes, animaux, plantes, métaux, minéraux, &c. La gravitation à ſignifier la tendance d'un corps vers un autre, pour le mouvoir quand le premier a reçu impulſion de ſon moteur. Vouloir dire que tout cela eſt impalpable, inviſible, indiviſible pour avoir occaſion de le placer dans l'ordre des choſes que nous diſons ſpirituelles, des êtres qui penſent, qui combinent, qui raiſonnent, qui ſont capables de bien & de mal, ſuſceptibles de mérites & de démérites; c'eſt battre l'air.

Vous mettez en question bien d'autres absurdités qui ne sont pas plus soutenables. Les animaux avec qui vous seriez flatté d'aller de pair, agissent nécessairement. Ils se répétent dans toutes leurs opérations ; ils ne sont pas meilleurs ouvriers la centieme fois qu'ils avoient été la premiere. Le Chasseur aprend au chien à arrêter le gibier ; il fait ce métier tant qu'il est mené. Ses leçons cessent ; l'écolier disparoît. Vous perfectionnez, au moins quant à la diction, tous les jours vos ouvrages ; on y aperçoit une plus grande finesse de tact que quand vous fites l'histoire de . . . . Les plantes, les minéraux à qui vous voudriez vous comparer, végetent selon les Loix immuables de la nature. Quel autre maître écoutent-ils ? Leur Auteur ne leur demandera point de compte. Vous sentez que toutes vos actions sont libres ; que le mal que vous commettez est votre seul ouvrage ; que vous pouvez faire tout le bien moral que vous n'opérez pas. Vous cherchez à

vous faire illusion , & à la faire aux autres par de vieilles erreurs sur la desti-
née d'un avenir que vous craignez ;
allez le chemin droit , suivez la route
que vous offre l'Ecriture que vous ci-
tez. Je ne vous rapellerois pas à ces
sacrés Oracles qu'au fonds vous n'é-
coutez guére, si je ne vous voyois vouloir vous en autoriser. L'homme est fait
à l'image de Dieu. (*f*) Je ne vous dirai pas que ce ne peut être selon le corps,
que Dieu est tout esprit. Je supose que
vous convenez de tout cela ; quelle
plus grande preuve voulez-vous de la
spiritualité de l'ame , de son immortalité , de ses mérites & de ses démérites,
des récompenses& des peines éternelles,
de la certitude d'une autre vie ?

Il n'est pas étonnant que Moïse qui
continue d'en parler sous des ombres mys-
térieuses dans plusieurs autres endroits
de ses Livres saints , n'en ait rien dit
clairement ni dans le Décalogue , ni
dans le Lévitique , ni dans le Deutéro-

(*f*) Gen. ch. 11.

nome. Ce sage Conducteur des Israélites connoissoit la légéreté de cette Nation , & son penchant à retourner au
culte des Simulacres. Il travailloit à l'attacher indissolublement à celui du vrai
Dieu par l'espérance des récompenses,
& par la crainte des châtimens qu'il savoit convenir à des peuples grossiers &
terrestres. On présente à un enfant des
fruits beaux à la vue , & bons à la san-
té pour lui en faire abandonner d'autres
qui pourroient lui nuire. Une Religion
d'ailleurs, simple figure de la Loi de
Grace qui est toute en Mysteres, ne
demandoit pas la même sublimité dans
les objets de sa foi. Depuis que le Fils
de Dieu a paru sur la terre , qu'il a
daigné parler lui-même aux hommes,
le Chrétien fidèle croit les choses qu'il
comprend , & celles qu'il ne comprend
pas , l'incarnation d'un Dieu, sa naissance obscure, sa vie humiliée & pauvre, sa mort honteuse sur une Croix,
sa glorieuse Résurrection , la nôtre pour
le Jugement général, ses aparitions dif-

férentes

férentes, son Afcenſion au Ciel, tous les prodiges qu'il a opérés , les mira-cles que les Apôtres ont fait en ſon nom, la viſion de ſaint Pierre en Joppé, cel-le de ſaint Jean dans l'Iſle de Pathmos, l'Apocalypſe.

Ce Livre des Révélations du Diſciple bien-aimé, ne paſſa jamais pour apo-cryphe, au moins dans toutes les Egli-ſes. Celles d'Epheſe, de Smyrne, de Pergame, de Thyatire, de Sardes, de Philadelphe, l'ont penſé Canonique. Il paroît par le ſoixantieme Canon du Concile de Laodicée, que l'Egliſe du même nom douta de ſa Canonicité dans le Catalogue qu'elle donne des Ecritures Protocanoniques de l'ancien & du nouveau Teſtament : M........ pag. 26. de ſon Dictionnaire, en parle de même. Il croit cette citation avan-tageuſe pour faire illuſion ſur ce qu'il vient de raporter à ce ſujet de Denis d'Alexandrie.

Ce ſaint Perſonnage qui écrivoit vers le milieu du troiſieme ſiecle, qui, ſe-

Ch. Apoca-
lypſe.

B

lon Eufebe, *lib. 7. de fon Hiftoire, ch.* 25, dit que l'Apocalypfe eft auffi admirable qu'elle eft peu connue ; qu'encore qu'il n'en n'entende pas les paroles, il fait néanmoins qu'elles renferment de grands fens fous leur obfcurité & leur profondeur, qu'il ne fe rend pas pas le juge de fes vérités, & qu'il ne les mefure pas par la petiteffe de fon efprit ; mais que donnant plus à la foi qu'à la raifon, il les croit fi élevées au-deffus de lui, qu'il ne lui eft pas poffible d'y atteindre, & qu'ainfi il ne les eftime pas moins lors même qu'il ne peut les comprendre ; mais au contraire, qu'il les révére d'autant plus qu'il ne les comprend pas ; ce faint perfonnage, dis-je, auroit pu avancer dans fes fragmens confervés par le même Eufebe, que prefque tous les Docteurs rejettoient l'Apocalypfe comme un Livre deftitué de raifon ; que ce Livre n'a pas été compofé par faint Jean, mais par un nommé Cérinthe, lequel s'étoit fervi d'un grand nom pour donner plus de

poids à ſes rêveries ? Qui le croira ?
Auſſi M..... contradicteur fameux par
la multiplicité des objections ſemées çà
& là dans tout ſon ouvrage de ténebres,
ne cherche-t-il pas à inſtruire ici, mais
à embrouiller toutes choſes , à faire
revivre des difficultés détruites , à répandre des doutes.

Le dogme du Baptême auſſi ancien
que la Religion Chrétienne, lui en four-
nit une occaſion nouvelle. Jeſus-Chriſt,
ſelon lui, ne baptiſa jamais. Il n'eſt pas
ſûr que les quinze premiers Evêques de
Jéruſalem euſſent été baptiſés. On ne
commença qu'au ſecond ſiecle à baptiſer des enfans. Qui ne penſeroit à
lire ces argumens des pages 35, 36 &
37 du Dictionnaire Philoſophique que
leur Auteur a vu arriver tout ce qu'il
avance. Il ne nomme ni Romain , ni
Grec, ni Gentil, ni Juif, ni Chrétien
qui les aient enſeigné ; il veut aparemment être cru ſur ſa parole. Cette pré-
tention ne paroît guére fondée. Je croirai plutôt , ne lui en déplaiſe , au té-

moignage de l'Evangile. Jean baptifa dans l'eau. Un plus puiffant que lui doit bientôt venir, il baptifera dans le Saint Efprit, & dans le feu. Jefus-Chrift paroît, il veut que les petits enfans l'aprochent, il les benit, leur impofe les mains, ils reçoivent le Baptême annoncé par le Précurfeur. Les Apôtres furent ainfi baptifés le jour de la Pentecôte, ils étoient tous affemblés dans le même lieu ; un grand bruit comme d'un vent impétueux qui venoit du Ciel, fe fait entendre dans toute la maifon où ils étoient affis; ils voient paroître comme des langues de feu, elles fe partagent, & s'arrêtent fur chacun d'eux, ils font tous auffi-tôt remplis du S. Efprit ; ils commencent à parler diverfes langues felon que l'Efprit qui étoit en eux, leur mettoit les paroles dans la bouche. Les peuples qui font accourus à ce prodige, Parthes, Médes, Elamites, Crétois, Arabes, &c. en font étonnés ; ils ne peuvent comprendre ce qu'ils voient, ils s'entredifent que veut dire ceci ?

d'autres s'en moquent ; ce font des hommes ivres. Pierre alors fe préfente avec
les onze Apôtres, & élevant la voix, il
leur reproche leurs torts, & leur explique les Ecritures. Ceux qui écouté-
rent de bon cœur fa parole furent baptifés, & reçurent le don du S. Efprit,
felon la promeffe qui leur en avoit été
faite & à leurs enfans. L'Evangile eft
annoncé par-tout. La Circoncifion qui
jufqu'alors avoit tenu lieu de Baptême,
perd fa vertu. Il ne fert plus de rien
d'être circoncis ; la figure eft détruite,
les ombres ont difparu, la vérité éternelle a parlé ; il faut renaître de l'eau
& de l'efprit, pour avoir part au Royaume de Dieu. Les Difciples de Jefus
baptifent dans l'eau, quoique Jefus-Chrift
leur maître & leur modele, n'y baptifa jamais. Le fouverain Légiflateur fe
foumet à la Loi quand il veut, & de
la maniere qu'il lui plaît. S. Paul dont le
miniftere principal, étoit la prédication,
baptife la famille de Stéphanas ; celles de
Lydie & de Crifpe, Crifpe & Lydie eux-

mêmes. Dans toutes ces familles différentes, n'y auroit-il eu que des adultes?
& ne s'y feroit-il trouvé aucun enfant?
Cet Apôtre est mort l'an 65 de notre
Ere. Ceux qui lui succéderent dans le
ministére, suivirent, selon le témoignage de Saint Augustin, (*a*) cette pratique apostolique de baptiser, sans distinc-
tion d'âge, tous ceux qui se présen-
toient à eux. Nous ne voyons personne
avant Fide, Evéque d'Afrique, qui ait
incliné à y déroger. Il proposa en 257,
ses doutes à ce sujet, au Concile de Car-
thage. Les Peres de ce Concile charge-
rent Saint Cyprien de lui écrire à leur
nom & au sien propre, & de lui marquer les motifs qui les avoient portés à
les condamner.

Le premier pas dans le Christianisme,
est le Baptême. Les Ministres consacrés
au service des Autels, devoient être
nécessairement régénérés dans ces eaux

(*a*) *Consuetudo , inquit lib. 10. de Gen. c. 23, matris
Ecclesiæ in baptisandis parvulis , nequaquam spernen-
da est , nec ullo modo superflua deputanda , nec omnino
credenda , nisi Apostolica esset traditio.*

falutaires. Les Minorés , les Initiés aux Ordres facrés, les Evêques , tous étoient baptifés; il ne paroît pas raifonnable de douter fi Saint Jacques le mineur, (*b*) Saint Siméon, fils de Cléophas , Jufte premier , Zachée ou Zacharie, Tobie, Benjamin premier , Jean premier , Mathias , Benjamin fecond , Philippe , Séneque , Jufte fecond , Lévi , Ephrem, l'avoient été , parce qu'ils étoient tous de race Juive. S'ils euffent été circoncis , & rien de plus , ils euffent été juftement du nombre de ceux dont parle l'Apôtre , qui, voulant être juftifiés par la Loi, n'auroient point eu de part à Jefus - Chrift , & auroient été déchus de fa grace. L'Eglife toujours attentive aux intérêts du falut de fes fideles , n'a pu avoir cette condefcendance meurtriere pour des Pafteurs criminels , intrus, fantaftiques; loups raviffans dans la bergerie , ils n'euffent point épargné le trou-

____

(*b*) Ce premier Evêque de Jérufalem à fon avénement au fiége de cette Ville , avoit au moins reçu le baptême des autres Apôtres,

peau qui leur auroit été confié. Ils euſ-
sent travaillé par leur doctrine corrompue à attirer des diſciples après eux.

Abraham fut le pere des Croyans
qui étoient circoncis; Jeſus - Chriſt l'eſt
des fideles qui ſont baptiſés. Il eſt cette
porte myſtérieuſe, par laquelle on entre dans le ſacré Bercail; il connoît ſes
ouailles, & ſes ouailles le connoiſſent.
Je ne déſeſpére pas de voir quelque
jour, le pere des Sceptiques prétendus
de notre ſiecle, renoncer de bonne foi,
à tous ſes doutes, & les condamner;
il en reconnoîtra ſans déguiſement &
ſans reſpect humain, le vuide & la vanité; il publiera à la face de toute l'Europe chrétienne qu'il ſcandaliſe depuis ſi
long-tems, qu'il s'étoit écarté par ſentimens....., de la voie de la vérité
pour courir dans les ſentiers du men-
ſonge; que la lumiere avoit lui dans
les ténebres, & que les ténebres ne
ne l'ont pas compriſe; que Jeſus-Chriſt
étoit véritablement ce Meſſie prédit,
mais que les ſiens ne l'ont pas connu;

qu'ils ont injuſtement eu recours aux moyens licites & illicites, pour juſtifier leur aveuglement à ce ſujet, & le faire paſſer, s'il eſt poſſible, de génération en génération.

Pluſieurs Savans, ſi l'on en croit l'Auteur du Dictionnaire Philoſophique, ont été ſurpris de ne voir dans l'Hiſtoire des Juifs par Joſeph, aucune trace de Jeſus - Chriſt. Par déférence pour ſes Lecteurs il ne les nomme pas; la liſte en eut été trop longue. Cet Ecrivain nous permettra de douter ici de cette ſurpriſe prétendue; tous ces grands Hommes ne pouvoient ignorer les regles de la critique dans l'examen de l'Hiſtoire ancienne; des raiſons de méchanceté, de haine, de vengeance, que ſai-je ? d'intérêt, d'orgueil, engagent un Hiſtorien à garder le ſilence ſur quelques faits hiſtoriques qui lui ſont déſavantageux. Cette infidélité n'eſt pas un de ces phénomenes extraordinaires qui doive étonner; d'autres plus contemporains, & à tous égards moins ſuſ-

Ch. Chriſtianiſme.

peêts de tromperie, les raportent ; ils méritent feuls notre confiance.

Flavien Joseph, qui a écrit l'Hiftoire de fa Nation, étoit Juif ; il étoit né l'an trente-fept de Jefus - Chrift, fous l'Empereur Caligula, & vivoit encore fous Domitien ; il a pu commencer à écrire fes antiquités Judaïques vers l'an 80 ou 90 de notre Ere. M. Prideaux favant Anglois l'accufe, preuve en main, d'y avancer des fauffetés vifibles, & furtout dans l'onzieme Livre , où il le trouve fouvent opofé à l'Ecriture, à l'Hiftoire, & même au bon fens. Ce Juif artificieux avoit hérité des fentimens de fes peres pour Jefus-Chrift ; il a bien pu dans le refte de fon ouvrage, où il n'en dit pas le mot, n'être pas plus exaɛt, ni plus raifonnable. (c)

(c) Ce qui eft dit de Jefus-Chrift , obferve Baronius, dans plufieurs exemplaires des antiquités Judaïques de Jofeph , eft conforme au vrai manufcrit de cet Hiftorien qu'on voyoit à Rome , dans la bibliothéque du Vatican , traduit du grec en hébreu. Ceux où le paffage du Liv. 18. chap 6. ne fe trouve pas , font des exem-

Jean-Baptiſte ſon précurſeur, & enſuite ſon diſciple, dont il raporte toute la bonté du cœur, de la doĉtrine & de la morale, (*d*) le publie par-tout l'Agneau de Dieu. Les Apôtres le conſeſſent devant les Rois, les Princes & les Grands de la terre. Les Matthieu, les Marc, les Luc, les Jean ont écrit l'Hiſtoire de ſa naiſſance, de ſa vie, de ſa mort, de

plaires faux, fabriqués par les Juifs dont les Peres avoient arraché la feuille de l'original où ce paſſage ſe trouvoit. *In codice pervetuſto, in quo Joſephi hiſtoriæ è græco in hæbraïcum ſermonem tranſlatæ, antiquitus ſcriptæ ſunt, cum Romæ ejus de Chriſto teſtimonium requireretur, per ſummam perſidorum impudentiam, Abraſum inventum fuit, adeo ut nulla ad excuſandum ſcelus, poſſet aſſerri defenſio, cum membrana ipſa id exclamare videretur.* Baronius ad an. chr. 34. n. 221.

Tournely, qui adopte ce ſentiment de Baronius, remarque qu'il y a dans la bibliothéque de la Sorbonne un ancien exemplaire latin de l'Hiſtoire de Joſeph, où à la vérité le paſſage mentionné ne ſe trouve pas; mais on voit par le ſujet des Chapitres dans leſquels il eſt parlé de Jeſus-Chriſt, que la feuille manque où il a dû être raporté.

(d) Lib. 18. ch. 10.

fa réfurrection, de fes aparitions différentes, de fon afcenfion au Ciel. Ces faints Perfonnages nous ont tranfmis fans fiction, ce précieux dépôt de leur piété ; aucun intérêt humain ne pouvoit, au moins après la mort de Jefus-Chrift, les porter à nous tromper. La fin tragique de tous pour fa défenfe , nous en eft un garant fûr, & l'on pourroit délibérer encore fur l'autenticité des autorités !

Quatre , ou fi l'on veut, plufieurs Anglois qui vivoient au tems de Charles premier , font l'hiftoire de leur Nation ; ceux qu'elle intéreffe la tranfcrivent & la font paffer manufcrite à la poftérité. Un autre Anglois cent ans plus tard , écrit la même hiftoire ; il y fuprime la fin tragique de Charles premier un de leurs Rois, qu'ils ont fait périr fur un échafaud, circonftanciée par les Hiftoriens contemporains. Mil ou douze cens ans après on fait imprimer ces hiftoires ; elles font entre les mains de tout le monde ; chacun les lit , & aperçoit

le peu de convenance de ces Ecrivains
fur ce fait de ce Roi malheureux ; auxquels doit-on ajouter foi ?

Quand on ne cherche pas la vérité
dans la lecture de l'Hiftoire, mais les
moyens feuls de la combattre ; l'efprit
humain fécond en fubterfuges, en trouve par-tout. On ne veut pas d'une Religion qui condamne des maximes favo-
rables à des penchans chéris ; on s'efforce de faire paffer pour un problême, les miracles, ou même l'exiftence
de fon Auteur. Les Romains ne parlent
nulle part de Jefus-Chrift ; on ne voit
pas dans leurs faftes, qu'ils en aient jamais eu la moindre connoiffance. Qui
ne fait que les Romains au moins dans
ces tems de leur libertinage èffrené,
étoient de mauvais Païens & de vérita-
bles Athées qui ne devoient guéres s'in-
térêffer alors aux prodiges de la Judée,
ni à celui qui les y opéroit ? Le Soleil
éclipfé, la terre tremblante fous leurs
pieds, pouvoient être à leurs yeux un
jeu de la nature dont les effets extraor-

dinaires fe faifoient remarquer dans tous les êtres matériels. Leurs Philofophes d'ailleurs, à qui les grands raifonnemens ne manquoient pas, pouvoient leur en propofer pour anéantir en eux toute idée de miracle. Quoiqu'il en foit, Tibere avoulu élever à J. C. une ftatue au milieu de Rome ; quand il eut vu ce qu'on lui en écrivoit de la Syrie paleftine, remarque Tertulien dans fon Apologétique contre les Nations, (*a*) il fut au Sénat, y confeffa fa divinité. Elle n'y avoit pas été aprouvée ; on refufa de la reconnoître. L'Empereur, malgré la contradiction de cette puiffante affemblée, (*b*) perfifta dans fes religieux fentimens pour Jefus-Chrift. Il menaça, même avec force, ceux de fes fujets qui, contre fes intentions, feroient déformais un crime aux Chré-

(*a*) l. 7 6. édit. de Paris, de l'Imprimerie de Mathurin Dupuis, 1634.

¶ (*b*) *Ibid. Vetus erat decretum, nequi Deus ab Imperatore confecraretur, nifi à Senatu probatus.*

tiens de leur créance. Tertulien , dont je
viens déjà de raporter les paroles , dans
un entretien polémique qu'il eut avec
les Païens , Magistrats de Rome , leur
parloit de l'Eclipse universelle arrivée à
la mort de Jesus-Christ , comme d'un
fait contre le cours de la nature , dont
ils conservoient la tradition dans leurs
archives : *Cum mundi casum relatum
habetis in archivis vestris.* Et plus de
deux cens ans auparavant , comme on
peut le conjecturer , un Gouverneur
de la Judée écrivit au Capitole la Lettre suivante dans le tems que la renom-
mée de Jesus - Christ commençoit à se
répandre dans le monde. Elle est tra-
duite mot à mot , d'après un Ecrit au-
tentique qu'on trouve dans la bibliothéque du Roi.

» Il y a de l'heure qu'il est en Judée ,
» un homme d'une vertu singuliere qu'on
» apelle Jesus - Christ ; les Barbares le
» croient Prophete ; mais ses Sectateurs
» l'adorent comme étant descendu des
» Dieux immortels: il ressuscite les morts,

» & guérit toutes sortes de maladies par
» la parole ou par l'attouchement ; il est
» d'une taille grande & bien formée ; il
» a l'air doux & vénérable ; ses cheveux
» sont d'une couleur qu'on ne sauroit gué-
» re comparer ; ils tombent à boucles jus-
» qu'au dessous des oreilles, & se répan-
» dent sur ses épaules avec beaucoup de
» grace , partagés sur le sommet de la tê-
» te à la maniere des Nazaréens ; son
» front est uni & large, & ses joues ne
» sont marquées que d'une aimable rou-
» geur ; son nez & sa bouche sont formés
» avec une admirable cimétrie ; sa barbe
» est épaisse & d'une couleur qui répond à
» celle de ses cheveux, descendant un pou-
» ce au dessous du menton , & se divisant
» vers le milieu, fait à peu près la figu-
» re d'une fourche ; ses yeux sont bril-
» lans , clairs & serains ; il censure avec
» majesté , exhorte avec douceur ; soit
» qu'il parle ou qu'il agisse , il le fait avec
» élégance & avec gravité ; jamais on ne
» l'a vu rire, mais on l'a vu pleurer sou-
» vent ; il est fort tempéré , fort modeste
» &

» & fort fage; c'eft un homme enfin qui,
   par fon excellente beauté & fes divi-
» nes perfections , furpaffe les autres
» hommes. »

La fimplicité & la fublimité de ce portrait de Jefus-Chrift fait par un Romain,
en font eftimer l'Auteur ; ce n'eft pas-
là le ton d'un fourbe ou d'un enthou-
fiafte ; qu'eût pu faire de plus , pour mériter notre confiance , le Chrétien fidele ? Le prétendu Sceptique de nos jours
cherchera dans fon imagination menfon-
gere , des motifs de défiance ; il ne peut
être donné qu'à lui de faire des recherches heureufes ; il aime mieux s'en raporter à fes découvertes, & aux opinions vraies ou fauffes des Auteurs critiques qu'il confulte.

Ces Savans trouvent encore quelques
difficultés dans l'Hiftoire des Evangiles,
ils remarquent que dans Saint Matthieu,
Jefus-Chrift dit aux Scribes & aux Pharifiens , que tout le fang innocent qui a
été répandu fur la terre , doit retom-
ber fur eux, depuis le fang d'Abel le

Juste jusqu'à Zacharie, fils de Barac; qu'ils ont tué entre le Temple & l'Autel.

Il n'y a point, disent-ils, dans l'Histoire des Hébreux, de Zacharie tué dans le Temple avant la venue du Messie, ni de son tems; mais on trouve dans l'Histoire du Siege de Jérusalem par Joseph, un Zacharie, fils de Barach, tué au milieu du Temple par la faction des Zélotes; delà ils soupçonnent que l'Evangile, selon S. Matthieu, a été écrit après la prise de Jérusalem, par Tite.

Ces Messieurs se sont aussi fort tourmentés sur la différence des deux Généalogies de Jesus-Christ. S. Matthieu donne pour pere à Joseph, Jacob; à Jacob, Mathan; à Mathan, Eléazar. S. Luc, au contraire, dit que Joseph étoit fils d'Héli; Héli, de Mataht; Mataht, de Levi; Lévi, de Janno. Ils ne veulent pas concilier les cinquante-six ancêtres que Luc donne à Jesus, depuis Abraham, avec les quarante-deux ancêtres différens que Matthieu lui donne depuis le même Abraham ; & ils font effarouchés que Matthieu , en parlant de quarante-deux générations , n'en raporte pourtant que quarante & une.

Ils forment encore quelques difficultés fur ce que Jefus n'eft point Fils de Jofeph , mais de Marie.

On ne voit pas fouvent, parce qu'on ferme les yeux à la lumiere ; on trouve des ténebres en plein midi ; on rencontre par-tout aujourd'hui de ces aveugles. Il a échapé à ces Savans, qu'il eft fait mention au ch. 24. du 2. Lib. des Paralippomenes, d'un Zacharie, fils de Joïada, tué dans le veftibule de la maifon du Seigneur , ce qui eft le même qu'entre le Temple & l'Autel ; (e) &

(e) Le Temple de Jérufalem avoit un portique fuivi de trois fales;l'étranger pouvoit entrer dans la premiere , les feuls Ifraélites entroient dans la feconde ; & les Prêtres s'affembloient dans la troifieme,où il y avoit un Autel dont aprochoient ceux qui devoient immoler des victimes. Les Lieux faints , Tabernacles ou Temples couverts d'un voile , venoient immédiatement après, dans lefquels étoient le Chandelier , la Table,

que S. Jérôme qui vivoit au quatrieme fiecle affure , *Lib. 4. ch. 23. in Matth.* que l'exemplaire des Nazaréens, portoit ce même Zacharie. Le fils de Barachie qui lui a été fubftitué , eft une erreur de l'Editeur , ou une faute d'impreffion qui n'a pas été corrigée. *

les Pains qu'on expofoit , un Encenfoir d'or ; l'Arche d'alliance toute couverte d'or , une Urne d'or pleine de manne , la Verge d'Aaron qui avoit fleuri , & les deux Tables de l'alliance.

* Ceux des Commentateurs modernes qui prétendent que le Zacharie , fils de Barachie , raporté chez S. Matthieu , eft le vrai Zacharie dont Jefus-Chrift a parlé , croient que les exemplaires dont parle S. Jérôme , avoient été corrigés mal-à-propos ; ils difent que le Fils de Dieu parle ici en Prophete ; qu'il met le paffé pour le futur ; qu'il prédit la mort d'un homme qui , felon Jofeph , * étoit l'ennemi irréconciliable du vice , qui le combattoit par-tout avec liberté ; que les Zélotes irrités de cette fageffe , devoient maffacrer au milieu du Temple.

*L. 5. ch. 1. de Bello.

I! y a une circonftance qui donne un grand poids à ce fentiment. Jefus - Chrift avant de dire aux Scribes & aux Pharifiens , afin que tout le fang innocent , &c. . . . . . les avertit qu'il va leur envoyer des Sages qu'ils tueront.

Le public prend beaucoup de part aux tourmens infructueux que tous ces hommes érudites ont bien voulu fe donner, pour découvrir les raifons de la différence des deux généalogies de Jefus-Chrift. Un travail auffi opiniâtre fans fuccès, eft bien digne de compaf-fion ; je ne leur refufe pas la mienne, malgré mon étonnement de voir que de vieilles difficultés, des difficultés ufées, propofées depuis plus de quatorze fiecles, & toujours détruites, aient pu leur cau-fer quelque peine*, les faire fuer peut-être fang & eau, paffer les jours & les nuits à la pourfuite de leur folution.

Celfe, Porphyre & Julien l'Apoftat qui les ont imaginées, ont été réfutés de la maniere qui fuit : Tous ceux que S. Matthieu & S. Luc nomment, font les enfans de David ; chacun de ces deux Hiftoriens a fait la généalogie de Jefus-Chrift, par des enfans différens de ce Roi : Le premier, fait defcendre Jefus-Chrift de David par Salomon.... & Ja-cob. Le fecond, l'y fait remonter par

Héli .... & Nathan ; l'un suit l'ordre naturel & maternel ; l'autre le paternel & légal, raporté dans les Tables publiques. Matath qui avoit épousé Jesca, engendra Héli : Math meurt, Jesca épouse Mathan, qui engendra Jacob. Héli, mari de sainte Anne, meurt sans enfans mâles ; Jacob épouse la Veuve, il engendra son fils Joseph selon la nature, & fils d'Héli selon la loi de la suscitation. Le même Juif, selon qu'il étoit prescrit dans le Deutéronome, chapitre vingt-cinquieme, au parent le plus proche du mari mort sans enfans, d'épouser la veuve, pouvoit être réputé fils naturel de l'un, & fils légal de l'autre. Ces deux Evangélistes ont fait leur généalogie selon ces deux manieres différentes ; peut-être ne vouloient-ils pas se répéter, & prétendoient-ils par-là rendre la lignée ou filiation de Jesus-Christ, du Roi David plus constante.

Il y eut de suite un Joachim dit Jéchonias, & un Jéchonias dit Joachim. L'Evangéliste omet le dernier comme une chofe très-connue quand il fait le dénombrement des générations : il fupofe le Lecteur au fait pour fupléer au recit ; il le compte quand il en fait le calcul. Jofias engendra Joachim dit Jéchonias. Joachim engendra Jéchonias dit Joachim , & fes freres Joachan & Mathaniam. Jéchonias engendra Salathiel .... Mathan engendra Jacob. Jacob engendra Jofeph époux de Marie , quoique leur mariage , comme l'obferve l'Ecriture, ne dût avoir d'autre effet que celui des fiançailles , pere putatif de Jefus-Chrift , felon l'ufage conftant parmi les Hébreux, dont il y a beaucoup d'exemple (*f*) & chez toutes les Nations.

Quand ce divin Sauveur fit des miracles, qu'il reffufcita les morts , qu'il guérit les malades , qu'il redreffa les boiteux , qu'il fit voir les aveugles, entendre les fourds, parler les muets ; ce ne fut pas, difent les Peres , pour faire des miracles feulement qu'il fit

(*f*) Hincmart.

toutes ces chofes. Il vouloit que ce qu'il
faifoit corporellement, fut auffi fpirituel-
lement entendu. C'eft dans ce fens que
S. Auguftin & S. Hilaire ont parlé des
miracles du figuier maudit, des démons
ou efprits impurs envoyés dans les corps
des cochons, de l'eau changée en vin
aux noces de Cana , premier miracle
de Jefus qui manifefta fa gloire, & engagea les Difciples à croire en lui. Les
faits merveilleux inftruifent fouvent plus
efficacement que les paroles.

Il n'étoit pas néceffaire après cela,
qu'il leur révéla le myftere de fon Incarnation ; ils ont eu tant d'autres occafions de s'en convaincre, & ils pouvoient d'ailleurs l'aprendre de Marie,
mere de Jefus, ou de fa coufine Elifa-
beth : ni qu'il dit aux Juifs qu'il étoit né
d'une Vierge , ils avoient les Ecritures
qui l'annonçoient. (g) Mais il jugea à
propos de parler des fept Sacremens,
d'aprendre à toutes les Nations qu'il
étoit Fils de Dieu, éternellement ongen-

____

(g) Ifaï. ch. 7. v. 14.

(41)

dré, confubftantiel à Dieu, que le faint
Efprit procédoit du Pere & du Fils, que
fa Perfonne étoit compofée de deux na-
tures & de deux volontés.

M . . . . . . qui n'eft peut être retour-
né qu'une feule fois à l'Eglife depuis le
jour de fon baptême, a toujours igno-
ré le Catéchifme de fon Diocefe; il a
étudié les Catéchifmes Chinois, Japon-
nois; femblables à ceux qui favent l'hiftoire de tous les Royaumes étrangers,
& qui n'ont jamais lu celle de leur Pays;
il a négligé d'aprendre celui des Ecoles
chrétiennes. Les Catholiques d'après le
Concile de Trente, entendent par Sa-
crement un figne vifible d'une Grace invifible inftitué par Jefus-Chrift pour notre fanctification. Il a inftitué 1°. celui
du Baptême, par ces paroles adreffées à
un nommé Nicodeme Sénateur Juif : En
vérité, en vérité je vous dis que fi un
homme ne renaît de l'Eau & de l'Efprit,
il ne peut entrer dans le Royaume de
Dieu : (a) 2°. celui de la Confirmation
(a) S. Jean, ch. 3.

par l'impoſition des mains, Rite ſaint que Pierre & Jean ſuivirent à l'égard de ceux que Philippe avoit baptiſé. (*b*) Celui de la Pénitence, quand après avoir ſoufflé ſur les Diſciples aſſemblés en un lieu, il leur dit, recevez le S. Eſprit ; les péchés de ceux à qui vous les remettrez, ſeront remis ; & ils ſeront retenus à ceux à qui vous les retiendrez. (*c*) 4º. Celui de l'Euchariſtie, quand pendant le ſouper des Diſciples, il prit du pain & l'ayant béni, il le rompit & leur donna en diſant, prenez & mangez ; ceci eſt mon Corps ; & prenant le Calice il rendit graces, & il leur donna en diſant ; buvez-en tous, car ceci eſt mon Sang. (*d*) 5º. Celui de l'Extrême-Onction, par cette cérémonie religieuſe preſcrite en ſon nom, par S. Jacques à ſes freres, quelqu'un parmi vous eſt-il malade, qu'il apelle les Prêtres de l'Egliſe, qu'ils prient ſur lui, l'oignant d'huile au nom du Seigneur, &

(*b*) Act. ch. 8.
(*c*) S. Jean, ch. 20.
(*d*) S. Matth. ch. 26.

la priere de la foi fauvera le malade, le Seigneur le foulagera ; & s'il a commis des péchés , ils lui feront remis. (*e*) 6º. Celui de l'Ordre *, par ce Rite facré que Saint Paul rapelle à fon difciple Timothée, quand il l'avertit de ne pas négliger la Grace qui eft en lui, qui lui a été donnée fuivant une révélation prophétique, par l'impofition des mains des Prêtres. (*f*) 7°. Celui du Mariage *, quand il fanctifia par fa divine préfence les noces de Cana en Galilée , qu'il y bénit le Contrat mutuel

(*e*) Epift. de S. Jacques, ch. 5.

* Quand il prit le Pain , le rompit, le donna à fes Difciples , & leur dit : Ceci eft mon Corps , qui eft donné pour vous ; faites ceci en mémoire de moi. *S. Luc*, *ch.* 26.

(*f*) Epift. de S. Paul à Timoth. ch. 4.

* Quand les Pharifiens lui demandérent pour le tenter, s'il étoit permis à un homme de quitter fa femme pour quelque chofe que ce foit ; il leur répondit que l'homme ne fépareroit pas ce que Dieu avoit fait , qu'il s'attacheroit à fa femme , & qu'ils ne feroient qu'une feule chair. *S. Matth. ch.* 19.

des Conjoints , & répandit fur eux l'onction de fa Grace & de fon Efprit. (*g*)

Le Tout-Puiffant qui favoit que malgré tous ces fignalés & divins bienfaits , il y auroit des hommes affez aveugles pour douter que le Chrift fût véritablement Fils de Dieu ; celui qu'il avoit envoyé fur la terre pour être Médiateur entre lui & fon Peuple , fait en fa faveur un prodige nouveau en préfence de Moïfe, Elie , Pierre , Jacques & Jean ; il fait éclater fur lui un rayon de fa gloire. Déjà Jefus-Chrift eft transfiguré, fon vifage brille comme le Soleil , fes vétemens font blancs comme la neige ; Pierre eft enchanté de ce qu'il voit , il en fouhaite la durée ; il demande la permiffion au Sauveur de bâtir trois tentes dans cet endroit , une pour lui , une pour Moïfe , & une autre pour Elie. Il parloit encore , le Ciel s'ouvre , une nuée lumineufe defcend fur la mon-

(*g*) S. Jean , ch. 2.

tagne ; Jeſus - Chriſt & ceux qui ſont
préſens, en ſont couverts ; il en ſort
une voix qui eſt diſtinctement entendue
de tous. Le Pere Eternel le déclare ſon
Fils bien-aimé, dans lequel il a mis toute ſon affection , il faut l'écouter. (a)
Ecoutons-le donc devant les Sénateurs,
les Princes des Prêtres , les Scribes,
tous Juifs , aſſurer qu'il eſt véritablement Fils de Dieu ; (b) aplaudir au témoignage de Simon Barjona qui le publie à haute voix, Fils du Dieu vivant.
Les choſes de Dieu ſont inconnues au
ſang & à la chair ; cet Apôtre eſt heureux, le Pere céleſte ſeul lui a révélé
ce qu'il confeſſe : (c) Ecoutons-le nous
enſeigner en la perſonne des Juifs, que
perſonne n'a vu le Pere que celui qui
eſt de Dieu ; (d) nous rapeller par ſon
Apôtre ce que David , inſpiré d'en
haut, dit de lui au ſecond Chapitre des

(a) S. Matth. ch. 17.
(b) S. Luc. ch. 22.
(c) S. Matth. ch. 16.
(d) S. Jean , ch. 6.

Pſeaumes : Vous êtes mon Fils, je vous ai engendré aujourd'hui , ou ce qui eſt le même , je vous engendre toujours ; (e) nous retracer par ſes deux Evangéliſtes Matthieu & Jean , l'endroit de la Prophétie de Michée , qui parle de ſon éternelle génération : Et toi Bethléem , terre de Juda , tu n'es pas la derniere d'entre les principales Villes de Juda , car c'eſt de toi que ſortira le Chef qui conduira mon Peuple d'Iſraël , qui fut au commencement, dès les jours de l'Eternité ; (f) répondre aux Juiſs qui le preſſent de leur dire clairement s'il eſt le Chriſt : Mon Pere & moi ſommes une même choſe , mon Pere eſt en moi , & moi dans mon Pere ;(g) écoutons-le com-

(e) Epit. de S. Paul aux Hébreux , ch. 1.

(f) S. Matth. ch. 2. S. Jean , ch. 7.

(g) Ces deux endroits du dixieme Chapitre de S. Jean , ne peuvent s'entendre que d'une unité de nature , & non-ſeulement de volonté. Les Juiſs eux-mêmes les ont entendus ainſi ; J.C. ne les en reprend pas , il les confirme au contraire par le dernier , dans leurs ſentimens. Voyez le Chapitre ſuſdit , depuis le verſet vingt-quatrieme juſqu'au trente-huitieme incluſivement.

mander à ſes Apôtres qu'il envoie enſeigner toutes les Nations, de les baptiſer au
nom du Pere , & du Fils , & du S. Eſprit, ^{Et non aux noms.}
(*h*) nous aprendre par la bouche de Jean
Evangéliſte & ſon Apôtre ; qu'il y en a
trois qui rendent témoignage dans le
Ciel , le Pere, le Verbe , & le Saint
Eſprit , & que ces trois ſont une même
choſe ; (*i*) que le Verbe étoit au commencement, qu'il étoit avec Dieu , qu'il
étoit Dieu, qu'il s'eſt fait chair ; (*l*) par-
tout, je le répete , par-tout Jeſus-Chriſt
qui s'eſt dit Fils de Dieu , ſe dit auſſi Fils
de l'homme. Pour ce qui eſt du Fils de
l'homme, il s'en va ; (*m*) malheur à
l'homme par qui le Fils de l'Homme ſera trahi ; (*n*) déſormais le Fils de l'homme ſera aſſis à la droite de la puiſſance
de Dieu. (o) Perſonne n'a été au Ciel

(*h*) S. Matth. ch. 28.
(*i*) 1. Epit. de S. Jean , ch. 5.
(*l*) S. Jean , ch. 1.
(*m*) S. Luc , ch. 22.
(*n*) S. Marc , ch. 14.
(*o*) S. Luc , ch. 22.

pour en découvrir les secrets aux hommes, que celui qui en est descendu en
se faisant homme ; (p) tantôt il soumet
sa volonté à celle de son Pere, (q)
tantôt il est descendu du Ciel, non pour
faire sa volonté, mais pour faire la volonté de celui qui l'a envoyé : (r) Il envoie de même ses Apôtres ; mais avant
de les envoyer, il les avertit qu'il est
expédient qu'il s'en aille, afin qu'ils reçoivent l'Esprit Consolateur, cet Esprit
de vérité qui, lorsqu'il sera venu, leur
enseignera celles qu'ils doivent porter à
tous les Peuples ; il ne parlera pas de
lui-même, mais il dira ce qu'il aura entendu, il le glorifiera de ce qu'il aura
reçu de lui ; tout ce qu'a son pere est à
lui, c'est pourquoi il leur a dit qu'il re-
cevra de ce qui est à lui, la plénitude
de la divinité & de la sagesse, procé-
dant de lui comme de son Pere. (s)

Ce

(p) S. Jean, ch. 3.
(q) S. Luc, ch. 22.
(r) S. Jean, ch. 6.
(s) S. Jean, ch. 16.

Ce dogme de l'Eglife Latine qui', felon Bellarmin, Pétau, Garnier, trouva au cinquieme fiecle, dans Théodoret fon premier ennemi, a été la caufe de la célebre difpute qui s'eft élevée entre les Latins & les Grecs, & qui a fini en 1437, au Concile de Florence, à l'inftigation de Marc Ephéfien, par le Schifme de ces derniers. Théodoret enfanta l'erreur de la Proceffion du S. Efprit, du Pere feul; Marc défendit cette erreur, & porta les Grecs à la fuivre. Sans Marc les Latins & les Grecs étoient d'accord au Concile fufdit. La paix étoit faite : fans Theodoret cette guerre entre Eglife & Eglife, ne fe fut peut-être jamais allumée. Ces deux Chefs du Schifme de l'Eglife d'Orient, & leurs Sectaires ont été dans tous les tems condamnés par l'Eglife Catholique, & réfutés avec force par les Peres Grecs même, S. Athanafe, S. Grégoire Nifféne, S. Bafile, S. Epiphane, S. Cyrille Alexandrin ; & par les Latins, Tertullien, S. Hilaire, S. Ambroife, S. Auguftin, S. Léon, S. Fulgence.

D

Je ne raporterai pas ici au moins dans tout son entier, la maniere dont cette réfutation authentique s'est faite, elle n'apartient pas à mon sujet; le peu que j'en dirai, je le mets en note pour les Savans. (*t*)

(*t*) *Sanctus Cyrillus. Lib. 34. Thesauri, sic ait. Cum ergo Spiritus Sanctus in nobis existens, conformes nos efficiat Deo, procedat autem ex Patre & Filio; perspicuum est divinæ ipsum esse substantiæ. Commentarii in Joan. Lib. II. cap. 33. nam sicut Filii Spiritus est naturaliter in ipso manens, & per ipsum procedens, sicut certe Patris quoque Spiritus est. Lib. 11. cap. 56. undè nobis firmiter credendum est non esse alienum à Filio Spiritum Sanctum, nam cum ei consubstantialis sit, ex Patre per ipsum procedit. Sanctus Augustinus Tract. 99. in Joan. Sic ait. Ab illo igitur audivit, audit, & audiet, à quo est, ab illo est, à quo procedit, & prius audire hoc est illi quod scire, & scire illi hoc est quod esse. Lib. 4. de Trinitate. cap. 20. nec possumus dicere quod Spiritus Sanctus & à Filio non procedat, neque enim frustrà idem Spiritus & Patris & Filii Spiritus dicitur. Tract. 99. in Joan. Cur ergo non credamus quod etiam de Filio procedat Spiritus, cum Filii quoque ipse sit sanctus Spiritus; si enim ab eo non procederet, non post resurrectionem se repræsentans discipulis suis insufflans diceret, accipite Spiritum sanctum; quid enim aliud significavit illa insufflatio, nisi quod procedat Spiritus sanctus & de ipso.*

(51)

Ces Meſſieurs qui ont déjà pû remarquer le fameux Contradicteur propoſer
ici des queſtions de mot, doivent être
ſurpris de le voir les continuer : il n'a
vu dans aucun des Teſtamens ancien
& nouveau, celui de conſubſtantiel avec
Dieu, attribué à Jeſus-Chriſt. L'Apôtre,
à l'exemple de ſon Maître, qui n'en par-
la jamais à ſes contemporains même,
ne révéle pas dans ſes Epitres, ce Myſ-
tere ineffable. Dans ſon Epitre aux Romains, ch. 5. 8. 16. dans ſa premiere
aux Corinthiens, ch. 3. 15. il paroît
n'en parler que comme d'un homme.
Pitoyable chicaneur ! Tous les Catholiques croient que Jeſus-Chriſt s'eſt in-
carné ; il n'en eſt aucun qui ne confeſſe
qu'il a daigné ſe faire homme, afin de
ſe rendre victime pour les péchés de
tous. S. Paul qui le confeſſe auſſi dans
les Epitres mentionnées, ne le dit - il
qu'un homme par-tout ailleurs ? Dans
le ſecond Chapitre de celle aux Philippiens que vous aportez en preuve pour
combattre ſa divinité, il lui attribue la Na-

ture divine , & la Nature humaine ; il
y expofe à ces Peuples orgueilleux dont
il a entrepris la réforme , la conduite de
Jefus-Chrift , qui ayant la forme & la
nature de Dieu , n'a point cru que ce
fut pour lui une ufurpation d'être égal
à Dieu ; mais il s'eft anéanti lui-même
en prenant laforme & la nature de ferviteur , en fe rendant femblable aux hommes , & étant reconnu homme par tout
ce qu'a paru de lui au dehors. Si Saint
Paul ne reconnoiffoit-là Jefus-Chrift que
comme un homme , & non comme Dieu
tout enfemble , qu'auroit de fi fort, de
fi puiffant , de fi extraordinaire , l'exemple de fon humilité ou anéantiffement
qu'il y propofe pour confondre la vai-
ne gloire des Philippiens , & les porter
à croire les autres au-deffus d'eux ? Cet
Apôtre publie que J. C. eft Dieudans plufieurs autres pages de fes Epitres. Dans
le fecond Chapitre de celle aux Colof-
fiens , il confeffe que toute la plénitude la divinité habite en lui corporellement, c'eft-à-dire , fubftantiellement, &

non en figure , ni seulement par une in-
habitation de *Grace*. Dans le neuvieme
Chapitre de celle aux Romains , il le
dit Dieu élevé au-dessus de tout , &
béni dans tous les siecles. Dans le premier Chapitre de celle aux Hébreux ,
il fait remarquer aux Juifs que quand
il est question des Anges dans l'Ecriture , elle les apelle les Ambassadeurs de
Dieu ; & que quand elle y parle du Fils ,
elle dit votre trône , ô Dieu ! sera éternel. (*a*) L'homme de bonne foi en

(*a*) Il y en a qui ont douté , observe
le Savant Monsieur de Sacy dans sa Préface
de l'Epitre de S. Paul aux Hébreux , que cette
Epitre fut de Saint Paul , & l'ont attribuée ,
ou à Saint Barnabé , ou à Saint Luc , ou à S.
Clément. Les Peres Grecs néanmoins & les Latins , si on en excepte quelques-uns , la croient
de ce S. Apôtre , & les principaux même de ceux
qui doutent qu'elle soit de lui , assurent que l'esprit , la doctrine , & tous les sens sont entiérement de S. Paul , & qu'il en est le véritable
Auteur ; mais ils croient qu'il s'est servi de quelqu'un , comme peut-être de S. Luc , pour le style qui paroît conforme à celui des Actes. Saint
Paul n'a point mis son nom à la tête de

conviendra : Saint Paul ne pouvoit rien
dire de plus pour nous enseigner la con-
substantialité du Verbe , l'identité de
nature de Jesus-Christ avec Dieu. Dieu,
par conséquent de la substance du Pere,
Dieu de Dieu, Lumiere de la Lumiere,
vrai Dieu du vrai Dieu. L'Eglise qui est
l'organe du Saint Esprit , le chante de
même.

Toute l'antiquité avec elle , a toujours tenu pour certain l'établissement du
Siege de Rome par S. Pierre, sept ans
après celui d'Antioche. Les Papias, disciple de S. Jean l'Evangéliste, Clément,
Alexandrin, Origene, Eusebe, S. Atha-
nase, S. Irenée, Tertullien, Saint Cyprien, Lactance, S. Ambroise, nous

cette Epitre , ou parce qu'il savoit qu'il étoit
odieux à ceux de sa Nation , ou parce qu'il
se déclare lui-même plutôt l'Apôtre des Gentils
que des Juifs, ou parce qu'il a fait cet Ecrit plutôt comme un Livre qu'il adresse aux Hébreux,
que comme une Lettre, ayant dit pour ce sujet
à la fin , qu'il leur a écrit en peu de mots , quoique ce qu'il leur envoie, étant court pour un
Livre, soit long pour une Lettre.

en font des garants fûrs. Les Protef-
tans au feizieme fiecle , font les premiers qui ont ofé le contefter. M....
qui en combat la probabilité même ,
qui tire d'après eux fes objections du
filence de S. Luc fur ce fujet dans les
Actes des Apôtres , n'eft pas mieux
fondé.

S. Pierre , felon les Chronologiftes
les plus exacts , & les plus habiles Ecrivains de l'Hiftoire Eccléfiaftique , alla
l'an 35 de Jefus-Chrift , avec S. Jean
en Samarie , il annonça l'Evangile aux
Peuples de cette Province , & revint
à Jérufalem , où S. Paul l'année 39 ,
trois ans après fa converfion , vint le
voir. L'Eglife jouiffoit alors d'une pleine paix. Cet Apôtre faifit ce tems favorable pour vifiter , comme l'obferve
S. Luc , tous les fideles que les Difciples difperfés avoient gagné à Jefus-
Chrift : Il arrive à Antioche , il établit dans cette Capitale de l'Orient, au
raport des Auteurs anciens, fa Chaire
Patriarchale ; fes ordres donnés pour

le gouvernement de cette Eglise , il retourna en Judée , y vifita en 40 & 41 , les Villes de Lidde , de Joppé , de Céfarée , & le Centenier Corneille converti , il partit en 42 pour Jérufalem. S. Barnabé & S. Paul y étoient , il les envoya à Antioche pour y continuer l'œuvre de Dieu ; ils s'en acquittérent avec fuccès ; les Fideles s'unirent, & prirent en 43 le nom de Chrétien. La famine en 44 étoit univerfelle en Judée : ces deux Apôtres portérent à Jérufalem les aumônes qu'ils avoient recueillies , pour le foulagement de leurs freres de ce Royaume. Ils ignoroient les difpofitions furieufes d'Agrippa furnommé Hérode, contre la Religion chrétienne & contre ceux qui la prêchoient. Quelque tems avant la fête de Parthes , peu de jours après leur arrivée , ce Roi impie fit trancher la tête à Jacques frere de Jean, & emprifonner Saint Pierre : fon heure n'étoit pas encore venue ; les Puiffances des ténebres ne peuvent rien fur les Elus de Dieu , quand il veille à leur conservation. Un Ange paroît dans la prison, une lumiere éclatante en éclaire les ténebres profondes ; il éveille Saint Pierre, ses chaînes tombent ; il lui dit de le suivre, ils passent toutes les gardes sans en être aperçu ; la porte de fer s'ouvre, il le conduit dans la Ville où il reste peu de tems caché : Quand il le peut, sans craindre les recherches d'Hérode, il part pour Céfarée, se rend par Antioche dans l'Asie mineure, établit des Eglises dans la Cappadoce, la Galatie, la Bithinie, s'embarque pour Rome, selon l'ordre qu'il en avoit reçu du S. Esprit. Il s'y rendit cette année 44, la troisieme de l'empire de Claude ; il y annonce l'Evangile aux Juifs & aux Gentils. Quand il voit que le nombre des convertis à la Foi chrétienne est assez grand pour fonder une Eglise, il y établit l'année suivante, qui fut la quarante-cinquieme de Jesus-Christ ; la Chaire Pontificale, laissant celle d'Antioche à Evodius. Il fut obligé d'en sortir en 51. L'Empereur donna un Edit

qui banniſſoit tous les Juifs de Rome ;
ce fâcheux contre-tems engagea Saint
Pierre à retourner en Aſie. Quelque-
tems après ſon arrivée à Antioche, il
eut un grand démêlé avec Saint Paul ;
il en partit pour le Concile qui ſe tint
cette même année à Jéruſalem. Cela
fini, il porta l'Evangile aux Nations les
plus éloignées même de l'Occident; quelques-uns ont écrit qu'il étoit allé juſqu'en Angleterre. Quoiqu'il en ſoit,
quand Saint Paul écrit l'an 58 de Corinthe aux Romains, une fort belle Epitre
où il leur dit que leur Foi eſt annoncée
par-tout le monde, & que l'année ſui-
vante il eſt mené priſonnier à Rome
où il demeura juſqu'en 61, & où il fut
conſolé par la rencontre de ces mêmes
Chrétiens qui furent au-devant de lui,
Saint Pierre n'y étoit pas encore retour-
né ; ainſi l'on ne peut rien conclure de
ſon ſilence, ſur le voyage & la réſi-
dence de ce Saint Apôtre à Rome, ni
de celui de Saint Luc dans les Actes
qui ne parle pas non plus des voyages

de S. Paul en Arabie, en Galatie, de son retour à Damas, ensuite à Jérusalem ; & qui a omis, comme l'observe Saint Jérôme, bien des choses que cet Apôtre a souffertes.

Une tradition de plus de quinze siecles de faits constamment & généralement reçus, fera toujours preuve incontestable parmi les hommes de bonne foi. Il est évident que la passion seule peut porter à la combattre ; aussi le partial Critique ne paroît pas connoître ces motifs - là ; accoutumé dès son adolescence même (a) à contredire tout ce qui lui semble lié aux intérêts de la Religion Chrétienne, il affecte de ne rien croire de ce qu'elle professe, ou d'affirmer vrai ce qui lui auroit toujours paru apocryphe. Il ne craint pas d'assurer que Sainte Helene, mere de Constantin, fut jadis la concubine de Con-

____

(a) Le fameux Pere Leger Professeur de Réthorique au Collége de Louis le Grand à Paris, prédit à M......, son Ecolier alors, qu'il seroit un jour le fleau de la Religion.

ſtance Chlore. Fait qui, ſi l'on en excepte Béde, & Julien l'Apoſtat qui le
reprocha malicieuſement & calomnieu-
ſement à Conſtantin, ſe trouve déſa-
voué par-tout.

Les reproches offenſans & téméraires, & les calomnies ſecretes ou publiques ſont les armes ordinaires des méchans ; la vertu la plus pure ne peut
échaper à leurs pourſuites. Les Hiſtoires anciennes & modernes ſont remplies
de ces monſtrueux excès. Valere Conſtance fut mari de Flavie-Julie Helene, il
l'épouſa fort jeune, au raport de Nicepho-
re, des Grecs, de Morin, de Baronius, de
Godeau , &c. lorſque paſſant par le
Bourg de Drépani, il alloit en ambaſſa-
de chez les Perſes ; Conſtantin n'acquit
de ce premier mariage. Des raiſons de
politique , d'intérêt, d'ambition portérent Conſtance en 291 , non à renvoyer
Helene, mais à la répudier, pour s'u-
nir à Theodore, belle - fille de Maximien Hercule, qui l'adopta & l'aſſocia
à l'Empire. Conſtantin devenu Empe-

reur en 306, honora beaucoup fa ver-
tueufe & pieufe mere, la fit apeller
Augufte, Impératrice dans fa Cour,
dans fes Armées, & voulut qu'elle dif-
pofât de l'argent de fes épargnes jufqu'à fa mort, qui arriva en 327 ; plein
de refpect pour la mémoire de ceux
dont il avoit reçu le jour, le fouvenir
de fes parens lui fut toujours flatteur ;
il en entendit parler dans tous les tems
avec un nouveau plaifir ; & l'Orateur
qui lui fit un compliment où entr'autres chofes agréables, il lui rapelloit
la vertu de Conftance dans fon mariage prématuré avec Helene, étoit
certainement bien inftruit de la notoriété inconteftable de leurs engage-
mens légitimes, autrement ç'eût été
chercher à infulter & à mortifier l'Empereur ; ce qui répugne : j'en raporterai ici un fragment dans la langue qu'on
le voit dans l'Original : Il fuffira pour
faire connoître au Lecteur combien je
fuis fondé à m'infcrire ici en faux contre les impoftures odieufes de M......

Quo enim magis Patris continentiam æquare potuisti, quam quod te ab Ipso sine pueritiæ illicò matrimonii legibus tradidisti, ut primo ingressu adolescentiæ formares animum maritalem . . . . . . menti præsaga, omnibus te verecundiæ observationibus induebas, talem posteà ducturus uxorem.

Ch. Confession.

Ce ne font pas - là, je dois vous en prévenir, vous qui croyez tous les jours cet Auteur fur fa parole, les feules fauffetés qu'il écrit ; il en hafarde bien d'autres que je vais dévoiler en fuivant, autant que je le pourrai, leur ordre alphabétique.

Il eft faux que les Chrétiens aient adopté la Confeffion dans les premiers fiecles, ainfi qu'ils ont pris peu à peu les Rites de l'antiquité ; & que les Abbés qui commencerent au feptieme fiecle, à exiger que leurs Moines vinffent deux fois par an leur accufer leurs fautes, aient été l'occafion, dans ces tems-là, de l'établiffement de la Confeffion fecrete qu'un homme fait à un autre homme.

Le Catéchifte Génevois n'a jamais ouvert affurément le Livre des Evanvangiles ; ou s'il l'a lu , ce ne fut jamais pour s'y inftruire fincérement des vérités qu'il renferme. Le précepte de la Confeffion Sacramentelle eft auffi ancien que la Religion Chrétienne ; l'Auteur de cette Religion l'a inftitué, comme je l'ai dit ailleurs , le lendemain de fa Réfurrection glorieufe. Les Apôtres l'ont reçu immédiatement de lui ; ils nous l'ont tranfmis avec fidélité , & nous le pratiquons , ou en exerçons par fucceffion, tous les jours le miniftére à leur exemple. Sur le foir du premier jour de la Semaine , les Difciples étant affemblés dans un lieu dont les portes étoient fermées, Jefus vint, fe tint au milieu d'eux , leur montra fon côté & fes mains , pour les affurer de fon humanité , leur donna deux fois la paix , fouffla fur eux, & leur dit, recevez le S. Efprit; les péchés feront remis à ceux à qui vous les remettrez ; & ils feront retenus à ceux à qui vous les retiendrez. Je demande aux Partisans de la confession faite à Dieu seul, de la confession exprimée par ces seules paroles, *j'ai péché*, s'il n'est question là que de cette confession intérieure, ou vocale même adressée à la Divinité dans son particulier ? Si le pouvoir de remettre ou de ne pas remettre les fautes, ne supose pas la connoissance de la nature, de l'espece, de la qualité, du nombre de ces fautes ? & cette connoissance, l'accusation avant tout, publique ou secrete faite au Ministre revêtu du pouvoir d'absoudre ou de ne pas absoudre ? Les anciens Peres Grecs & Latins ont entendu de même ce passage du vingtieme Chapitre de S. Jean : ils en ont tous en leur tems suivi l'esprit. * La seconde Epitre de S. Clément aux Corinthiens ; celle de Denis l'Aréopagiste au Moine Démophile ; le premier Livre de S. Irénée contre les hérésies ; le Livre de la pénitence reconnu catholique de Tertullien ; * le Livre de ceux qui sont tombés de S. Cyprien. La seconde

* Peres du premier & du deuxieme siecle.

* Peres du troisieme siecle.

(65)

de Homélie, d'Origene sur le Lévitique;
* le sixieme Livre de l'Histoire Ecclé-
siastique d'Eusebe Césarée ; le quatrieme Livre des Institutions de Lactance ;
le Commentaire sur S. Matthieu de S.
Hilaire Evêque de Pavie; l'Epitre de S.
Basile à Amphiloche ; l'Epitre canonique de S. Grégoire de Nisséne à Létoius,
en font foi : * Je ne parle pas de la
Lettre d'Innocent premier à Décentius;
du troisieme Livre du Commentaire de
S. Jérôme sur le Chapitre sixieme de
S. Matthieu ; des Homélies vingt-sep-
tieme & quarante-neuvieme de S. Augustin ; de l'Epitre quatre-vingt de S.
Léon le Grand ; de l'Homélie sur la
femme Samaritaine de S. Chrysostome *.
Je raporterai seulement pour termi-
ner la preuve de la pratique constante
de l'Eglise, depuis le second jusqu'au
septieme siecle, au sujet de la Confession sacramentelle & auriculaire, le témoignage de S. Grégoire le Grand qui,
dans son Homélie vingt-sixieme sur le
Chapitre vingtieme de S. Jean, dit que

E

le Prêtre doit en vertu de son autorité pastorale , dégager de leurs liens ceux qu'il connoît vivifiés par la Grace de celui dont il a reçu son autorité ; & que cette vivification s'aperçoit par la confession des Pénitens qui doit précéder l'absolution de leurs péchés. *Intuendum est quod illos nos debemus per Pastoralem autoritatem solvere quos autorem nostrum cognoscimus per suscitantem gratiam vivificare ; quæ nimirum vivificatio ante operationem rectitudinis in ipsa jam cognoscitur confessione peccati.*

Il faut bien peu respecter sa Nation pour enseigner sous ses yeux des mensonges aussi grossiers. On ne voit pas ce qui peut autoriser leur Auteur à les écrire ; son ton affirmatif , dogmatique même en les débitant ; ton qu'il a pris des ouvrages de Bayle , & que Jean-Jacques Rousseau , dans son premier Livre de l'Emile , lui reproche & à ses disciples ; ce ton, dis-je, peut bien faire quelques dupes volontaires ; l'illusion ne sera jamais générale. Un très-

grand nombre de François fidèles, inſ-
truits de bonne heure de l'époque du
précepte de la Confeſſion ſacramentel-
le, l'eſt auſſi de celle des enſeignemens
de la vérité d'un enfer.

Les Perſans, ſelon M . . . , les Chaldéens, les Egyptiens, les Grecs imagine- Ch. Enfer.
rent des punitions après la vie. Les Juifs,
de tous les Peuples anciens que nous
connoiſſons, furent les ſeuls qui ne reconnurent que des châtimens tempo-
rels. Les Phariſiens & les Eſſéniens, tous
Juifs, admirent, long-tems après, la
créance d'un enfer à leur mode; ce
dogme avoit déjà paſſé des Grecs aux
Romains, & fut adopté par les Chrétiens.

Les punitions après la vie que la politique put bien faire imaginer chez quelques Nations policées, furent conſa-
crées par la Religion ſeule chez les
Juifs & chez les Chrétiens. Les excès
du vicieux dont les crimes commis dans
les ténebres troubloient la ſociété, &
échapoient à la ſévérité des Loix hu-

maines , n'étoient pas les feuls maux
qui réfultoient de l'abus de la liberté.
Dieu étoit offenfé impunément , il fal-
lut un frein facré qui arrêtât le cours
de ces défordres ; il révéla le dogme
des châtimens éternels à fon ferviteur
Abraham : ou plutôt Abraham plein de
foi le reconnut quand Dieu l'affura qu'il
feroit fa récompenfe infinie. (*a*) On
croit aifément le Rémunérateur éternel
de la vertu , le vengeur éternel du vice. Ce Pere des Croyans Juifs en inf-
truifit Ifaac fon fils : Ifaac l'aprit à Jacob ; Jacob à fes enfans , & en leur
perfonne à toute fa race future. Après
cela Moyfe durant tout le tems qu'il
conduifit les Ifraélites , ne jugea pas à
propos de le leur rapeller d'une façon
claire. Ceux qui lui fuccéderent leur
en parlérent plus intelligiblement : Les
Tobie , Job , David , Salomon , Ezéchiel , Amos , tous ces hommes infpi-
rés d'en haut annoncerent aux Juifs

(a) Gén. ch. 15.

pécheurs pour fin des peines ; un feu,
des ténebres , un enfer. (b) Jesus-Chrit
paroît, lui qui, comme il le dit , étoit
venu pour confirmer & perfectionner
la créance Judaïque : il enseigne cette
vérité terrible à ses Disciples : Ceux-
ci la prêchent aux Gentils , aux Juifs,
aux Romains , aux Grecs convertis.
Ces premiers Chrétiens nous la trans-
mettent telle qu'ils l'ont reçue des Apôtres. Nous la croyons comme si nous
l'avions entendue de leur bouche ; &
nous confessons aussi comme eux &
d'après eux seuls, que l'orgueilleux sera précipité dans l'enfer ; (c) que l'enfer sera le sépulcre de l'avare ; (d) que
les scandaleux seront jettés au feu éternel ; (e) que les impitoyables, & ceux
qui n'auront pas eu compassion du pauvre , seront condamnés au même supli-
ce ; (f) que les faux Prophetes , les faux

(b) Eccli. 21.
(c) S. Matth. ch. 11.
(d) S. Luc , ch. 16.
(e) S. Matth. ch. 18.
(f) Idem , ch. 25.

Docteurs, (g) & généralement tous les Cenſeurs téméraires des Livres ſaints, ſeront plongés dans l'abyme ténébreux. (h)

Ch. Ezé-
chiel. Pluſieurs Critiques, dit encore M....., qui ont lu dans les Livres ſaints, la viſion qu'eut Ezéchiel près de la petite riviere de Chobar, ſe ſont révoltés contre pluſieurs endroits raportés de cette viſion miraculeuſe ; contre celui du Chapitre quatrieme, verſets douzieme & quinzieme ; contre celui du Chapitre ſeizieme ; contre celui du Chapitre vingt-troiſieme ; & il ajoute, comme une dé-couverte qu'il auroit faite, que ce Pro-phete qui dit au Chapitre dix-huitieme, que le fils ne portera pas l'iniquité de ſon pere, ſe trouve expreſſément en contradiction avec Moyſe, qui au Cha-pitre quatorzieme des Nombres, aſſure que les enfans porteront l'iniquité des peres juſqu'à la troiſieme & la quatrie-

______

(g) Je ſouhaite que M.... n'éprouve pas un jour la vérité de cet oracle.

(h) 2. Epiſt. de Saint Pierre, ch. 2.

me génération; que ce même Ezéchiel au Chapitre vingtieme fait encore dire au Seigneur qu'il a donné aux Juifs des préceptes qui ne font pas bons.

C'eſt l'ordinaire de l'impie de blafphémer ce qu'il ignore; les paroles les plus admirables par leur énergie, dont il ne comprend pas le fens, lui femblent des abſurdités qui révoltent; il s'efforce de les ridiculiſer afin, s'il le peut, de les faire tomber dans le mépris. La nourriture que Dieu preſcrit à Ezéchiel, & la defcription qu'il lui commande de faire de pluſieurs excès monſtrueux, bleſſent également le goût & la pudeur; qui ne voit que ces alimens & ces portraits ordonnés, font des voiles myſtérieux dont le Prophete fe fert pour dérober aux Chaldéens, qui s'en feroient moqués, la connoiſſance des vérités toute à la fois humiliantes & terribles qu'il annonce aux Ifraélites. (*a*) Cette

(*a*) Les Prophéties qu'Ezéchiel, captif à Babylone, faifoit égnimatiquement par les raifons que j'ai dit, & qu'il expliquoit en particulier aux

Nation avoit été dans tous les tems
singuliérement protégée de Dieu ; elle

Juifs ; Jérémie dans le même tems libre à Jérusalem , les y faisoit clairement ; à l'article du
pain cuit sous la cendre de fiente de bœufs , Ezéchiel ne manqua pas de leur dire que ce pain
ainsi cuit dont il devoit manger sous leurs yeux
pendant 390 jours , représentation abregée des
390 années , pendant lesquelles Dieu avoit su-
porté les iniquités des dix Tribus , à compter
depuis le Schisme de Jéroboam ; & le tems au-
quel ce Prince introduisit l'idolâtrie parmi les
Tribus , depuis l'an du monde 3030 * jusqu'en
l'année 3420 ou environ de la prise de Jérusalem : A cet article , dis-je , il dût leur faire remarquer que ce pain souillé devoit d'abord être
cuit sous la cendre de ce qui sort de l'homme ,
(l'Hébreux , cuit sous la cendre avec des excré-
mens d'hommes ; les Septantes , caché sous la
cendre dans l'ordure de l'homme ;) mais que
Dieu avoit eu égard à ses prieres , qu'il avoit
encore eu pitié d'eux & de son serviteur fidele,
& qu'il avoit bien voulu diminuer leurs miseres
futures figurées par ce pain de douleur. *Oste , ch.
9. v. 3. prédit les mêmes maux aux Israélites corrom-
pus & idolâtres.*

Je conviendrai que cette maniere de faire
cuire son pain a quelque chose de bien extraordinaire. Toutefois dans l'Egypte , à la Campagne encore aujourd'hui , le pauvre qui manque
de bois , n'a pas d'autre ressource. *Voyez Pietra
della Valle. Tom. 2. Epist. 2.*

n'avoit répondu à tant de bienfaits que par la plus grande ingratitude. Les entrailles néanmoins de fa miféricorde ne font pas encore fermées pour elle ; il veut la corriger & la porter à faire pénitence. Ifraël eft prévaricateur ; mais Ifraël eft fon fils premier né : il parle à Ezéchiel , fils de Buze ; il lui ordonne de rapeller à ce Peuple en termes les plus forts , la grandeur de fes bontés pour lui , l'abus exceffif qu'il en a fait , de repréfenter à la Tribu de Juda , fous la figure d'une jeune fille , ce qu'il a fait pour elle quand elle étoit encore comme naiffante en Egypte , deftituée de tout fecours humain , rejettée , méprifée , perfécutée , chaffée , pourfuivie , comme il l'a accueillie , foutenue , délivrée de fes ennemis , nourrie , vétue le plus richement , élevée à tous les honneurs , à l'augufte dignité même de Reine : de retracer à Samarie & à Jérufalem , fous l'image de deux femmes débauchées , Oolla & Ooliba , leurs abominations , leurs idolâ-

ries , leurs défordres , leurs diffolu-
tions , leurs fornications , leurs profti-
tutions avec les Egyptiens , les Chaldéens , les Affiriens , les Moabites , les
Ammonites ; & avant tous ces portraits
qui doivent , s'il m'eft permis de parler de cette maniere , juftifier infiniment
les puiffans motifs de fes châtimens fu-
turs , de décrire aux Juifs le fiege de
Jérufalem , la ruine de cette Ville &
de fon Temple , l'affreufe mifere de
fes Habitans , qui feront reduits à manger du pain cuit fous la cendre de fiente de bœufs , à boire de l'eau ; le tout
mefuré , & en quantité fi petite , qu'ils
tomberont d'inanition les uns fur les
autres.

Il n'y a rien-là qui révolte que la conduite odieufe des Juifs qui force, pour
le dire ainfi , Dieu de les menacer des
plus grands châtimens ; & la témérité
du méchant Traducteur , qui par fes
interprétations fales , a engagé à faire
ici ces explications ; & qui ofe affurer
que la Synagogue au quatrieme fiecle ,

ne permettoit pas la lecture d'Ezéchiel
avant l'âge de trente ans , parce que
ce Prophete dans les Chapitres fufdits ,
fe trouve expreſſément en contradiction
avec Moyſe. Je croirai plutôt que ces
défenſes , ſi elles ont eu lieu , n'auroient été faites alors que pour empêcher l'abus que les jeunes libertins de
ces tems - là auroient pu faire de cette
lecture. Le mépris des Livres ſaints parmi les Juifs même, n'avoit pas ſans contredit comme en nos jours dans le Chriſtianiſme , gagné tous les âges. Un vieil-
lard ſeptuagénaire, qui ſe feroit donné
pour maître d'impiété en Iſraël , (b)
auroit été fort mal reçu à vouloir enfeigner que l'Eſprit - Saint peut ſe contredire , & déſavouer dans un tems ce
qu'il auroit dit dans un autre.

Le Seigneur qui avoit menacé par la
bouche de Moyſe, de viſiter l'iniquité des
Peres juſqu'à la troiſieme & la quatrieme génération , dans les fils qui le haï-

____

(b) L'Auteur connu du Dictionnaire Philoſophique eſt né ſur la fin du dernier ſiecle.

ront, (*c*) voit que les Juifs criminels abusent de ces paroles de sa Loi; qu'il est passé chez eux en proverbe que les peres ont mangé les raisins verds, & que les fils en ont les dents agacées ; qu'ils veulent marquer par cette expression figurée, qu'il punissoit injustement en eux les crimes de leurs prédécesseurs, leur dit par celle d'Ezéchiel, d'où vient que vous vous servez parmi vous de cette parabole ? Comme s'il leur eut dit, pourquoi ces reproches injurieux à ma justice que je vous entends faire tous les jours ? il n'y a point en moi d'acception de personne ; je ne punis jamais le juste pour l'injuste. Vous affectez

(*c*) M . . . . qui a envie de surprendre la religion de ses Lecteurs, en assurant la vérité de la prétendue contradiction qui se trouve dans les endroits mentionnés des Livres saints, cite exprès le quatorzieme Chapitre des Nombres, où les paroles de la Loi ne sont pas raportées dans leur entier, au lieu de citer le vingtieme Chapitre de l'Exode où la Loi a été portée, & où on lit que Dieu visitera l'iniquité des Peres jusqu'à la troisieme & la quatrieme génération dans les Fils qui le haïront.

malicieusement de ne pas comprendre le sens des paroles de la Loi que j'ai portée contre les peres seuls & les en-fans qui seroient rebelles à mes Or-donnances. L'ame du fils est à moi com-me l'ame du pere . . . . . Si un homme est juste; s'il agit selon l'équité; s'il ne mange point sur les montagnes; s'il ne leve point les yeux vers les idoles de la maison d'Israël; s'il ne viole pas la femme de son prochain. . . . ; s'il ne blesse & attriste personne; s'il rend à son de-biteur le gage qu'il lui avoit promis; s'il ne prend point du bien d'autrui par vio-lence. . . . . S'il marche dans la voie de mes préceptes, celui-là est juste, il vi-vra très-certainement. Si cet homme a un fils qui commette quelques-unes de ces fautes, qui soit un voleur, un sangui-naire, vivra-t-il après cela? Non certes, il mourra, & son sang sera sur lui. Si cet homme a un fils qui, voyant tous les crimes dont son pere est coupable, en est saisi de crainte, & se garde bien de l'imiter . . . . . ., qu'il observe mes Commandemens, celui-là ne mourra point à cause de l'iniquité de son pere, mais il vivra très-certainement. Son pere qui avoit oprimé les autres par des calomnies, qui avoit fait violence à son frere, qui avoit commis des actions criminelles au milieu de son peuple, est mort à cause de sa propre iniquité. Que si vous dites pourquoi le fils n'a-t-il pas porté l'iniquité de son pere ? c'est que le fils a agi selon l'équité, & qu'il a rempli mes préceptes, c'est pourquoi il vivra certainement. Celui qui a péché mourra lui-même ; le fils ne portera point l'iniquité du pere ; & le pere ne portera point l'iniquité du fils. La justice du juste sera sur lui, & l'impiété de l'impie sera sur lui.

On voit par tous ces exemples que les paroles de Moyse, dans leur véritable signification, ne différent en rien de celles d'Ezéchiel, qu'elles renferment exactement les mêmes menaces ; & que l'intention du Prophete ici est seulement d'expliquer aux Juifs, pour arrêter dé-

formais toutes leurs plaintes injuſtes ;
le vrai ſens de la Loi portée par leur
Légiſlateur contre ceux-là ſeuls qui en-
freindroient les Commandemens du Seigneur. Je le dirai, Dieu ne châtia jamais les hommes pour les péchés d'autrui, (c) à moins qu'ils ne s'en fuſſent
rendus complices ou par leurs concours,
ou par leurs conſeils, ou par leurs
exemples ; & alors c'eſt moins des
péchés étrangers, dont ils ſont punis
que de leurs propres crimes. S'il étoit
capable d'agir autrement, il ſeroit contraire à lui-même , il ceſſeroit d'être
juſte ; & l'Apôtre diroit en vain de
lui, qu'il ne permettra pas que nous
ſoyons tentés au-deſſus de nos forces.
(d) Il eſt vrai qu'il arrive ſouvent
dans le monde que l'innocent ſouffre
avec le coupable , plus même que le
coupable. Ces peines ne ſont pas pour
lui des punitions ; elles ſont des épreu-

(c) On voit qu'il n'eſt ici queſtion que des
péchés actuels.

(d) 1. Epiſt. de S. Paul aux Corinth. ch. 10.

ves qui servent à purifier sa vertu, &
à lui faire dire, comme David, que la
Loi & les Préceptes du Seigneur sont
purs. (*e*)

Ceux qu'il a donné aux Juifs, & qu'il
paroît déclarer par Ezéchiel n'être pas
bons, étoient certainement bons en eux-
mêmes ; ils procuroient la vie à ceux
qui les observoient, & ils les sancti-
fioient, (*f*) ils devenoient mauvais aux
transgresseurs, & ils leur causoient la mort.
Les Juifs reçurent ces Préceptes par le
ministere de Moyse sur la montagne de
Sinaï & dans le Désert ; nous ne voyons
pas qu'il leur en ait été prescrit ailleurs.
Ces préceptes étoient moraux, judiciels
& cérémoniels; l'objet de ces derniers
qui les obligeoient de se présenter souvent au Temple, étoient vraisemblable-
ment ,

(*e*) Pf. 18. v. 8.

(*f*) Ezéch. ch. 20. v. 11. 12. *Et dedi eis præcepta mea , & judicia mea ostendi eis , quæ faciens homo ,
vivet in eis. Insuper & Sabbata mea dedi eis , ut
essent signum inter me & eos : & scirent quia ego Dominus sanctificans eos.*

ment, obfervent les Peres, (g) de les diftraire de leurs inclinations perverfes à retourner culte des idoles. Toutes ces charitables précautions devinrent inutiles ; jamais peuple ne fut plus particuliérement favorifé du Ciel ; jamais auffi on ne vit de peuple plus terreftre & plus ingrat. Dieu paroit par-tout attentif à le combler de bienfaits ; il veut fe l'attacher indiffolublement. Ifraël méprife toutes ces faveurs ; tous les Dieux des Nations font les fiens. Le Dieu de fes Patriarches Abraham, Ifaac & Jacob ; ce Dieu qui a plufieurs fois forcé les Loix de la Nature en fa faveur ; qui a fait retirer les eaux de la Mer rouge pour lui ouvrir un paffage à la vue de fes ennemis qui le pourfuivoient ; qui a fait tomber la manne du Ciel, pour le nourrir dans le défert ; qui a fait fortir de l'eau d'un rocher pour arrêter fa foif ; ce Dieu, dis-je, eft le feul qu'il refufe de reconnoître ; il en eft indigné ; il prend

_____

(g) S. Juftin, Martyr, S. Jérôme, S. Chryfoftome, Tertullien, Origene, Théodoret.

enfin la réfolution de s'en venger. (*Ergo & ego dedi eis præcepta non bona.*) Il abandonne ce Peuple au déréglement de fon cœur , & à l'aveuglement de fon efprit, à la loi perverfe qu'il s'eft forgée , aux préceptes dangereux qu'il s'eft impofé ; préceptes qui ne font pas bons , dans lefquels il trouvera fa perte, & fes malheurs. Dieu dit quelquefois qu'il fait ce qu'il permet fimplement ; ainfi il enjoint à Balaam d'aller avec les envoyés de Balac , Roi de Moab. (*h*) Il ordonne aux Ifraélites de marcher contre la Tribu de Benjamin. (*i*) Il commande à Séméï de maudire David. (*l*) Il abandonne Ifraël aux mauvais defirs de fon cœur ; (*m*) il le livre aux ennemis dont il adore les Dieux. (*n*) Le Chaldéen traduit : puifqu'ils ont fi mal obfervé mes ordres , & qu'ils

(h) Nomb. ch. 22. 20.
(i) Judic. ch. 20. 18. 23.
(l) 2. Reg. ch. 16. 10.
(m) Pf. 80. 13.
(n) Deut. ch. 32. 37. 38.

n'ont point voulu obéir à mes Prophetes, je les ai rejettés, & je les ai livrés à la main de leurs defirs infenfés.
Ils fe font fait de mauvaifes Ordonnan-
ces & des Loix qui ne leur donneront
pas la vie. Manaffé-ben-Ifraël traduit
l'Hébreu avec une interrogation. Leur
ai-je donné des préceptes qui ne fuffent
pas bons, ou des Loix qui ne les puffent faire vivre s'ils les euffent obfer-
vées ? Les Oracles de l'Ecriture font fi
fimples, & en même-tems fi fublimes,
qu'il n'eft pas poffible, quand on les lit
avec un cœur droit, de ne pas y reconnoître l'Efprit de Dieu.

M ... qui pour le malheur de plufieurs de fes Compatriotes, & pour le
fien propre ; M....., dis-je, qui ne
les lut jamais dans ces difpofitions, voudroit bien pouvoir perfuader qu'ils font
des productions humaines ; que tout ce
qu'on lit, par exemple, dans plufieurs
endroits de la Genefe, Chapitres premier, fecond, troifieme, fixieme, neuvieme, dix-neuvieme, eft de l'invention

des hommes ; que toute la Théologie
des Juifs , leur vient des Phéniciens ;
que tout ce que Moyſe écrit de l'origine du monde , il l'a apris de ces peuples ; que toute l'Hiſtoire ſacrée des ſix
jours eſt imitée de celle des ſix tems de
la même Nation. Il n'eſt pas plus per-
ſuaſif dans ſes remarques fauſſes ſur l'o-
pinion purement charnelle qu'il prête
aux Juifs ſur ces paroles du Seigneur :
FAISONS L'HOMME A NOTRE IMAGE ;
ſur le Politéiſme qu'il dit admis par ces
Peuples avant même leur long ſéjour
dans l'Egypte ; on ne doit pas plus l'écouter dans ſes obſervations haſardées ſur le
Paradis terreſtre , ſur le jardin de ce Paradis , ſur les fleuves qui l'arroſoient ;
dans ſes réflexions téméraires ſur la défenſe qui fut faite au premier homme
de manger du fruit de la ſcience du bien
& du mal, ſur la tentation du Serpent,
la chute d'Adam & d'Eve , & leur punition ; ſur l'alliance des Enfans de Dieu
avec les filles des hommes , & la naiſſance des géans ; ſur le déluge univerſel

que Dieu envoya ſur la terre en punition de cette alliance , & le pacte qu'il
fit avec Noé & les animaux; ſur les idées
que les Juifs ſe formérent de l'arc en-ciel;
ſur les inſultes faites aux deux Anges par
les habitans de Sodome; ſur la conduite de Loth en cette occaſion; ſur ſon
inceſte avec ſes deux filles , & le châ-
timent de ſa femme curieuſe.

Les Egyptiens & les Phéniciens imaginé-
rent le ſyſtème inſenſé de l'éternité de la
matiere; ils prétendoient qu'indépendan-
te, elle ne tenoit ſon exiſtence que d'elle-
même. Il étoit conſéquent qu'ils ſe fiſ-
ſent des Dieux inférieurs des portions
de ce prétendu Etre premier; ils ado-
rérent les Aſtres , les Elémens & mille
autres choſes plus indignes encore de
reſpect. Moyſe fidele à la religion de
ſes Peres les Patriarches, voit avec horreur le culte ſacrilége de ces Peuples:
il tremble juſtement pour la foi chan-
celante de pluſieurs des Hébreux ſes
freres. Pouſſé de l'Eſprit de Dieu , il
prend la réſolution de leur parler; l'or-

gueil, & peut-être la jaloufie s'étoient emparés de leur cœur ; il trouve des furieux qui demandent hautement fa perte ; il eft obligé, pour échaper aux fuites fâcheufes de leurs injuftes reproches, de fuir dans l'Arabie pétrée : Le Seigneur lui aparoit fur la montagne d'Horeb ; il lui ordonne de partir pour l'Egypte, & d'en tirer fon Peuple qui y gémiffoit, depuis plus de quatre-vingt ans, dans la plus dure fervitude. Dès que les Ifraélites font en liberté, & qu'il trouve le moment propre, il leur rapelle, pour combattre le fentiment fufdit de ces Peuples au milieu defquels il a vécu, la toute puiffance de Dieu dans la création de toutes chofes, par ces paroles pleines de merveilles.

AU COMMENCEMENT(*a*)DIEU(*b*)

(*a*) Avant l'exiftence de tout Etre.

(*b*) Ou les Dieux. Cette expreffion irréguliere de la Langue hébraïque qui fe trouve dans d'autres endroits où il ne paroît aucun myftére, eft femblable à celles d'Addonim, les Seigneurs, Panim, les Faces. Ces fortes de noms pluriers

CRÉA (*c*) LE CIEL ET LA TERRE (*d*) MASSE INFORME , CONFUSE , EN DÉSORDRE , (*e*) SON ESPRIT ÉTOIT PORTÉ SUR LES EAUX , (*f*) qui la pénétroient de toute part. Il leur imprima par sa sagesse, un mouvement réglé, qui se communiquant à tout le cahos, débarrassa les parties subtiles & lumineuses, des grossieres & opaques, & fit prendre à toutes, la forme & la place qui les distinguent dans l'Univers;

dans cette Langue , sans changer le sens , se mettent indifféremment dans la construction , avec un plurier & avec un singulier.

(*c*) Le terme créer , en Hébreu *Bara* , en Latin *Creare* , signifie deux choses dans l'Ecriture , tirer du néant , donner la forme à quelque chose. Tous les Juifs & Chrétiens le prennent ici dans le premier sens : Voyez sur ce sujet le Chapitre septieme , verset vingt-huitieme du second Livre des Machabées.

(*d*) Pour être la matiere de tous les Etres corporels ; le verset qui suit l'indique assez.

(*e*) L'Hébreu porte , Tohu , Bohu. Les Septante Informe & toutes dans la confusion. Symmaque , masse sans mouvement , sans action & en désordre.

(*f*) Le Chaldéen traduit souffloit ; le Syriaque , s'agitoit.

delà la formation de la lumiere , (*g*)
la féparation d'avec les ténebres , (*h*)
la nuit & le jour ; (*i*) delà la formation
du Firmament , (*k*) la divifion des eaux

(*g*) C'eft-à-dire , de cet affemblage de matiere lumineufe dont les corps de même nature ,
je parle du Soleil & des Etoiles , devoient être
formés le quatrieme jour.

(*h*) Cette féparation n'eft pas celle de deux
corps qui auroient été unis. Moyfe dit bien que
la lumiere a été faite ; il ne dit pas la même
chofe des ténebres. C'eft une féparation de lieu
caufée par les qualités réelles & fenfibles de la
lumiere dont les ténebres ne font que la priva-
tion ou l'abfence.

(*i*) Il eft probable , felon ce que nous venons
de dire ou plutôt de fupofer ci-deffus , que la
terre, quoique dénuée alors de tous les agrémens
qui la parent aujourd'hui , avoit reçu déjà fon
mouvement de rotation , & tournoit fur fon axe;
ce qui explique , la divifion des ténebres & de
la lumiere , comment avant la formation du Soleil & des Etoiles , la nuit pouvoit fuccéder au
jour , & comment on peut compter trois jours
formés du matin & du foir.

(*k*) Le terme Hébreu Rakiah que les Septante ont traduit , par folidité , la Vulgate par
firmament , plufieurs nouveaux Interpretes , par
tenture , fe prend auffi pour étendre un métal à
coups de marteau ; comme fi Moyfe avoit vou-

fupérieures d'avec les eaux inférieures ; le Ciel ; delà la réunion en un feul lieu des eaux qui font fous le Ciel, la Terre, la Mer ; delà la formation de deux grands corps lumineux, le plus grand pour préfider au Jour, l'autre plus petit pour préfider à la Nuit ; (*l*) des Etoiles, tous placés dans le Firmament pour éclairer la Terre. Les plantes, les animaux, les hommes, ne font pas une fuite de ce premier mouvement imprimé à la matiere : ils furent formés par une volonté expreffe du Tout - Puiffant, qui dans la production de chaque efpece, en difpofa les parties, régla l'organifation avec tant d'art qu'elles puffent fe multiplier, fe reproduire & fe conferver par des

lu marquer que le Ciel eft un corps fort dur, & comme une voute immenfe couverte de bronze battu.

(*l*) Les Juifs, inftruits par Moyfe qui l'avoit apris de Lévi, celui-ci de Jacob ; Jacob d'Ifaac ; Ifaac d'Abraham ; Abraham de Sem ; Sem de Noé ; Noé de Seth ; Seth d'Adam, favoient comme nous aujourd'hui, que la Lune eft un corps opaque qui fert à réfléchir la lumiere du Soleil fur notre élément.

Loix impénétrables à l'esprit humain :
L'HOMME SEUL FUT FAIT A L'IMAGE
ET A LA RESSEMBLANCE DE DIEU.
Ces deux termes joints ensemble mar-
quent une ressemblance très - grande ;
elle ne peut être toutefois que par les
qualités de l'ame substance spirituelle ,
si l'on en excepte l'antiquité païenne ,
& quelques matérialistes , dont tous les
siecles furent toujours infestés ; personne
qui fit usage de sa raison , ne reconnut
dans Dieu un corps, des infirmités qui
en sont inséparables. L'homme, selon
l'être moral , lui est rendu semblable par
la justice , par l'innocence , par la grace , par la sagesse. Le Conducteur des
Juifs instruit par l'Esprit-Saint , reconnut toujours ces vérités qui sont comme la base de toute sa théologie. Si
nous ne voyons pas qu'il les ait ensei-
gné publiquement à cette Nation gros-
siere, on ne peut pas en inférer au moins
qu'il n'en ait jamais parlé en particulier à quelques - uns de ses plus intelli-
gens. Il est de ces choses qui semblent

omifes à deffein, auxquelles le fage lecteur peut fupléer par fes réflexions,
quand ce qu'il penfe peut convenir au
corps du recit fans intéreffer la vérité.
Celle de la pluralité des Dieux imputée
méchamment par M..... aux Ifraélites avant leur établiffement dans l'Egypte, n'eft pas de la même nature. Il eft
abfurde de dire qu'Abraham, fes fils,
& fes petits-fils tous enfans de la promeffe, aient été idolâtres dans ces tems,
de leur particulier attachement au culte
du Dieu du Ciel. (Les Nations étrangéres nommérent ainfi par diftinction de
leurs fauffes Divinités, le Dieu que les
Ifraélites adoroient.) On convient que
ces Peuples ont eu du penchant à l'i-
dolâtrie, qu'ils ont été même idolâtres
après leur fortie d'Egypte, & peut-être
dans l'Egypte : L'Auteur du Pentateuque le leur reproche dans prefque toutes les pages de fon Livre ; mais il eft
faux d'avancer qu'ils l'aient été avant ces
tems - là, fi ce n'eft que le Sophifte
veuille parler des Chaldéens aïeux d'A-

braham , & alors toute objection cesse; Il forma le même jour Adam et Eve de sexe différent : Les paroles du texte ne présentent point d'autre idée ; on y lit que Dieu les forma , & non le forma ; & quoique Moyse raporte après l'histoire du sixieme jour, la maniere dont Eve fut formée , ce qui n'est qu'une récapitulation succinte du recit qu'il vient de faire , où il ajoute ce qu'il n'avoit pas dit d'abord , on peut croire néanmoins qu'Adam & Eve furent formés tous les deux ce jour-là : autrement Dieu n'auroit pu leur dire, croissés & multipliés , & il auroit d'ailleurs formé quelque chose depuis le repos qu'il s'étoit prescrit. Le Seigneur avoit planté dès le commencement, un Jardin délicieux, (*a*) dans lequel il mit l'Homme pour y travailler , pour s'y occuper

(*a*) L'Hébreu traduit , le Seigneur planta un Jardin à Eden vers l'Orient. Cette version est suivie par les Septante, Joseph , les Peres Grecs, & par la plupart des nouveaux Commentateurs Latins.

agréablement, POUR LE GARDER, &
en prendre foin comme de fon héritage
propre. DE CE LIEU DE DÉLICES SOR-
TOIT UN FLEUVE QUI L'ARROSOIT,
ET SE PARTAGEOIT EN QUATRE CA-
NAUX DONT LE PREMIER APELLÉ
PHISON, EST CELUI QUI TOURNOIE
DANS TOUT LE PAYS D'HEVILAC OU
VIENT DE L'OR ; LE SECOND NOM-
MÉ GEHON, EST CELUI QUI ROULE
SES EAUX TOUT AUTOUR DU PAYS
D'ETHIÓPIE ; LE TROISIEME LE TI-
GRE, EST CELUI QUI A SON COURS
VERS LES ASSIRIENS, ET LE QUA-
TRIEME EST L'EUPRHATE. (*b*) Les

(*b*) M . . . . . qui fait femblant de croire qu'il
n'y a jamais eu d'autre Ethiopie , que celle d'A-
frique , après avoir traduit les paroles fufdites
de l'Ecriture , dit, fuivant cette verfion , le Paradis terreftre contient près d'un tiers de l'Afie
& de l'Afrique.

Les quatre Fleuves , dont parle Moyfe , font
Afiatiques ; ils ont tous leur fource dans l'Armé-
nie. Le Géhon qui roule fes eaux tout autour
de l'Ethiopie , n'eft pas un Fleuve d'Afrique ;
c'eft un Fleuve d'Afie. Il y eut jadis , felon Hé-

révolutions occasionnées par les trem-
blemens de terre, & autres événemens

rodote, Homere, Strabon, Pline, &c. *, une
Ethiopie dans cette partie du monde. Les Peres
des Ethiopiens qui habitent aujourd'hui au-dessus
& au midi de l'Egypte, pays nommé autrefois,
ÆTHERIA, ou AERIA, la quittérent pour venir s'établir dans l'Afrique. Moyse raporte les
choses telles qu'elles étoient de son tems, ou
qu'elles avoient été avant lui ; je parlerai en
son lieu de la situation du Phison, du Gehon,
du Tigre, de l'Euphrate dans l'Armenie. Le
Phison, aujourd'hui apellé Phase, & le Gehon
Araxe, ont reçu ces noms des différens Peuples
qui ont subjugué le pays où ils se trouvent. Phase ou Phasis, ressemble beaucoup à Phison. Le
terme Phison signifie être abondant, s'augmenter ; & le Phasis le plus célebre des Fleuves de
la côte de la Colchide, est grossi par plusieurs
rivieres qu'il reçoit dans son cours; il tournoie :
il n'y a peut-être point de Fleuve dans le monde qui fasse tant de détours, ce qui a obligé à
y construire six vingt ponts : dans tout le pays
d'Hevilah. On connoît dans l'Armenie & dans
le pays des Colchiens, plusieurs Villes qui con-
servent encore des vestiges du nom d'Hevilah,
comme Cholva, Cholvata, la région Cholobe-
tene, dans Hairon, & le pays de Haloen en
Armenie, où vient de l'or, & l'or de cette terre est très-bon. Il n'y a pas de pays dans le monde aussi célebre que la Colchide par son or.

* Hérodo-
te, Liv. 2
Strabon, l
a. l. 1. p.
23. 27.
Pline, l. 6.
ch. 30.
Homere re-
marque
qu'il y a des
Ethiopiens
à l'Orient
& à l'Occi-
dent, au-
deçà & au-
là de la mer
rouge, dans
l'Afrique &
dans l'Asie.
Ethiopes bi-
partiti na-
turaliter
sunt sinu A-
rabico inf-
par fluminis.

inconnus; qu'on peut supofer avec fondement, arrivés dans la nature depuis

Strabon dit que les Fleuves & les torrens de
cette terre portent dans leurs eaux des pailles
d'or que les Habitans recueillent dans des peaux
couvertes de leur laine, ou fur des planches per-
cées: *Apud eos torrentes dicuntur deferre aurum, quod
barbari perforatis tabulis, ac Lanofis pellibus exci-
piunt.* Liv. II. p. 350. Les Anciens l'eftimoient
beaucoup plus que celui que l'on tire des mines.
*Nec ullum abfolutius aurum eft, CURSU IPSO TRITU-
QUE PERPOLITUM.* Le mot Hébreu GEHON, qui
vient d'une racine qui fignifie couler avec im-
pétuofité, exprime auffi parfaitement la nature
de l'Araxe: ce Fleuve eft très-grand, il s'enfle
dans fon cours de plufieurs rivieres & torrens
qui s'y déchargent. Il eft très - rapide. Alexandre & Augufte effayérent envain d'y faire bâtir des Ponts; quelques forts & maffifs qu'ils fuffent, ils n'ont pu tenir contre la rapidité de fes
eaux; on voit encore quelques reftes des arches.
Le pays qu'il arrofe eft très-fertile:le terrein produit toutes fortes de fruits, & dans plufieurs endroits,deux ou trois fois l'année,fans être cultivé;
les vignes donnent tant de raifins qu'on eft obligé d'en laiffer aux ceps. Strabon qui affure toutes ces chofes, *Liv. II. p. 351. edic. Bafil.* dit en
plufieurs endroits de fa Géographie, *Liv. II. p.*
369, que Jafon & Médée ont régné dans les pays
qui font entre le Pont Euxin & la mer Cappie;
qu'on y a vu pendant un très-long-tems des mo-

Moyſe juſqu'à nos jours ; les change-
mens introduits dans les noms des Em-
pires, des Royaumes, des Provinces,
des Villes, empêcheront toujours de dire quelque choſe de certain de ce lieu
& de ſes Fleuves. Le nombre des Savans qui ont travaillé ſur un ſujet auſſi
obſcur, eſt prodigieux : parmi tous ces
Ecrivains l'illuſtre Huet, Evêque d'A-
vranches, dans ſa Diſſertation ſur le
Paradis terreſtre, eſt celui qu'on reconnoît avoir examiné avec plus de ſoin
cette matiere. Le Pere Calmet, un de
ceux qui portent ce Jugement, ne
paroît pas toutefois adopter cette diſſertation. Après un examen de la plus
grande érudition, il place le Paradis
terreſtre

numens de Jaſon, qui y étoit honoré comme un
Dieu ; que ce Héros changea le nom de pluſieurs
Provinces & de pluſieurs Fleuves : qu'il leur donna des noms Grecs, pris des Fleuves de la Grece
qui avoient quelques raports avec ceux de l'Armenie ; qu'il nomma l'Araxe de ce nom, à cauſe
de ſa reſſemblance avec le Fleuve Peneus, nommé auſſi Araxe par les Grecs, parce qu'il ſépare
Oſſa de l'Olympe.

terreſtre dans l'Armenie, près du mont Ararat où le Tigre & l'Euphrate ont leur ſource, le premier au midi, le ſecond au couchant de cette montagne; le Phiſon ou Phaſe qui en paroît le plus éloigné, a ſa ſource au nord, & le Géhon ou Araxe à l'orient. Les Curieux qui voudront voir au moins du vrai-ſemblable ſur le lieu où étoit le Paradis terreſtre, ſur ſa deſcription, ſur les fleuves dont on vient de parler, pourront lire à la page 49 du Commentaire littéral ſur la Geneſe, les recherches immenſes de cet Auteur profond. ADAM REÇUT CET ORDRE : MANGEZ DE TOUS LES FRUITS DES ARBRES DU PARADIS ; MAIS NE MANGEZ PAS DU FRUIT DE LA SCIENCE DU BIEN ET DU MAL. Ces dernieres paroles, j'en conviendrai avec M : . . . . ; priſes à la lettre, ſe conçoivent difficilement; elles ſouffrent même de très-grandes difficultés. Je penſerois d'après Saint Chryſoſtome & Théodoret, que ſe fruit ne ſe nommoit ainſi que parce qu'il étvoit être l'occasion de la désobéissance de nos premiers Peres , & par-là la cause de la funeste expérience qu'ils devoient faire de l'oposition qui devoit se trouver entre le bonheur de leur premier état, & le malheur du second ; ils devoient mourir s'ils en mangeoient ; (*a*) soumis ils conservoient l'immortalité, & les autres avantages avec lesquels ils étoient sortis des mains du Créateur. LE SERPENT, ou plutôt le Démon, sous la figure de cet animal, jaloux de la grandeur de leur gloire , forme la résolution de tenter la femme; il pense que celle-ci séduite , elle ne manquera pas de travailler efficacement à la séduction de l'homme : IL LUI DIT , &c.

Toute cette Histoire de la chute de nos premiers Parens qu'on peut lire dans la Genese, parut jadis une fable à l'Empereur Julien , si judicieusement réfuté par S. Cyrille; (*b*) & paroît telle

(*a*) Ils devenoient mortels.

(*b*) L. III. Contre Julien.

encore en nos jours à M......, qui n'en donne point de raisons, au moins qui méritent des réponses ; à leur défaut, il essaie de plaisanter sur le ton de l'original qu'il copie. Je lui observerai toutefois que Moyse qui la raconte, le fait d'une façon tout-à-fait particuliere, & qui ne ressemble rien moins qu'à une fiction : il y cache sous une espece de parabole le recit d'une chose très-réelle. Il nous y represente en la personne des Israélites, gens accoutumés à ce style figuré, un Serpent le plus rusé de tous les animaux qui parle à Eve, qui raisonne avec elle, qui la trompe, qui la porte au mal, qui attire sur lui des malédictions ; & sur ceux qu'il séduit, des châtimens & des souffrances. Dans tout cela l'Historien sacré ménage si bien ses expressions, qu'on s'aperçoit aisément qu'il veut marquer un autre Serpent que celui qui parle à la femme ; & entre les malédictions dont Dieu le frape, celle de l'inimitié qu'il mettra entr'elle & le Serpent, ne peut tomber que fur le Démon.

Les enfans de Dieu qui s'allient avec les filles des hommes d'où font fortis les géants, eft encore, felon M....., un de ces faits dans l'Ecriture de pure imagination. Il ne veut entendre par le terme Hébreu *Elohim* que les Dieux; ce qui lui donne occafion de continuer à dire férieufement des inutilités. Ce terme toutefois, ne lui en déplaife, peut auffi fignifier des Anges, des Princes, des Grands. Le Chaldéen traduit, les fils des Princes. Symmaque, les fils des Puiffans. L'Arabe, les fils des Illuftres; & Saint Chryfoftome, Saint Cyrille d'Alexandrie, Saint Auguftin, S. Eucher, tous ces Peres de l'Eglife prétendent que fous le nom d'enfans de Dieu, on doit fe reprefenter les enfans de Seth qui étoient la race choifie; & que par les filles des hommes, il faut entendre celles de Caïn & de fes defcendans, lefquelles étant corrompues comme leurs peres, engagérent dans le crime ceux de la race de Seth, qui charmés de leur beauté, voulurent les avoir pour femmes , & engendrérent les Geants , CES HOMMES PUISSANS ET SI FAMEUX DANS L'ANTIQUITÉ par toutes fortes d'excès où ils fe livrérent.

En punition de tous ces défordres, Dieu dit : JE FERAI VENIR SUR LA TERRE LES EAUX DU DÉLUGE. Quelle que foit ici la façon de penfer de M...., qui raporte que Saint Auguftin , *n.* 8. *de fa cité de Dieu*, affure que l'Hiftoire Grecque & Latine ne parle pas de ces eaux ; qui, à l'article de l'inondation, avance qu'il eft phyfiquement impoffible qu'il y ait eu un tems où le Globe ait été entiérement fubmergé ; qui en conféquence fait de grands frais d'un calcul inutile , & qui finit par crier d'un ton de mauvais plaifant plufieurs fois au miracle ; je dirai que pour concevoir la poffibilité & même la vérité d'un Déluge univerfel arrivé du tems de Noé , il fuffira de fe rapeller la fituation de la terre avant que Dieu fé-

parât les eaux qui étoient sous le Firmament, de celles qui étoient au-dessus
du Firmament, & qu'il commanda que
celles qui étoient sous le Ciel, se reti-
rassent en un seul lieu ; la terre alors
étoit couverte d'eau ; au tems du Déluge Dieu avoit ordonné la réunion de
ces eaux. Ce sentiment paroît conforme à celui de Moyse, il se sert ici de
termes qui ont un raport naturel à ceux
qu'il a employé au Chapitre premier
de la Genese, versets six & sept. Pour
être donc autorisé à dire qu'il est impossible de prouver physiquement la
possibilité de ce Déluge arrivé dans l'espace de quarante jours, je pense qu'il
faut auparavant avoir démontré de la
même maniere, l'impossibilité de cette
réunion pendant le même espace de
tems. Il n'est pas question ici d'une chute d'eau semblable à celle de nos pluies
même les plus violentes de l'Europe,
& des autres parties du monde, de
l'Asie, de l'Afrique & de l'Amérique.
LES SOURCES DU GRAND ABYME

FURENT ROMPUES, ET LES CATA-
RACTES DU CIEL FURENT OUVER-
TES. (a) Si la quantité d'eau du Nil
qui tombe par les cataractes de l'Ethiopie dans l'Egypte, est prodigieuse ; quelle sera celle qui tombe sur la terre quand
les cataractes du Ciel sont ouvertes ?
L'Astronome, le Géometre, l'Algébriste
peuvent ici s'exercer chacun dans sa partie. M....., qui les embrasse toutes,
pourra travailler à résoudre la difficulté
qu'il a fait naître. Toutes les autres
difficultés de cette Section, qui se ré-
duisent à dire qu'il est naturellement
impossible que tous les animaux, &c.
sont résolues par M. le Pelletier dans
sa Dissertation sur l'Arche de Noé.
M...... qui sûrement n'a pas vu cet
Ouvrage, à en juger par la maniere
indécente dont il traite l'Auteur, pourra le lire avec attention. Si après cela
il dit quelque chose de mieux , nous
lui promettons de crier à notre tour

____

(a) Gen. ch. 7. v. 11.

très-férieufement plus d'une fois au miracle. Je mets au bas de la page en caractères italiques pour la fatisfaction de de ceux qui ont lu l'article de l'inondation dans le Dictionnaire Philofophique, les principaux fragmens de cette Differtation, & d'Obfervations d'autres Auteurs fur le même fujet.

M. le Pelletier fupofe que l'Arche étoit un Bâtiment de la figure d'un parallelipede rectangle, dont on peut divifer la hauteur par dedans en quatre étages, donnant trois coudées & demie au premier, fept au fecond, huit au troifieme, & fix & demi au quatrieme; & laiffer les cinq coudées reftantes des trente de la hauteur, pour les épaiffeurs du fond de comble, & des trois ponts ou planchers des trois derniers étages. Le premier de ces étages auroit été le fond, ou ce que l'on apelle caréne dans les Navires; le fecond pouvoit fervir de grenier, ou de magafin; le troifieme pouvoit contenir les étables; & le quatrieme les volieres: mais la caréne ne fe comptant point pour un étage, & ne fervant que de réfervoir d'eau douce, l'Arche n'en avoit proprement que trois; & l'Ecriture n'en met pas un plus grand nombre, bien que les Interpretes y en aient mis quatre, en y ajoutant la caréne.

Cet Auteur ne fupofe que trente-fix étables

'Après cet événement de ces vengean-
geances , DIEU DIT A NOÉ, JE VAIS

pour les animaux de terre . & autant de volieres pour les oifeaux ; il place la porte , non
au côté de la longueur , mais à l'un des bouts
de l'Arche , perfuadé qu'à l'un des côtés de la
longueur , elle auroit gâté la fymmétrie de l'Arche , & en auroit ôté l'équilibre. Chaque éta-
ble pouvoit être de quinze coudées ½ de long ,
de dix-fept de large , & de huit de haut ; & par
conféquent elle avoit plus de dix-huit pieds &
demi de long , plus de vingt-fix de large , & plus
de treize & demi de haut de notre mefure. Les
trente-fix volieres étoient de même grandeur.

Pour charger l'Arche également , Noé pouvoit
remplir ces étables & ces volieres , en commen-
çant par celles du milieu , des plus gros animaux
& des plus gros oifeaux.

Cet Auteur fait voir par un calcul exact que
l'eau qui étoit dans la caréne , pouvoit être de
plus de trente-un mille cent foixante & quatorze
muids, ce qui eft plus que fuffifant pour abreuver
pendant un an , quatre fois autant d'hommes &
d'animaux qu'il y en avoit dans l'Arche. Il
montre enfuite que le grenier pouvoit contenir
plus de nourriture qu'il n'en falloit à tous les
animaux en un an.

Dans le troifieme étage , Noé a pu conftruire
trente-fix loges pour ferrer les uftenciles de ménage, les inftrumens du labourage , les étoffes ,

FAIRE ALLIANCE AVEC VOUS ; AVEC
VOTRE POSTERITÉ APRÈS VOUS, ET

les grains, les femences. Il s'y pouvoit ména-
ger une cuifine, une falle, quatre chambres, &
une efpace de quarante-huit coudées de longueur, pour fe promener.

Jean Butes Anglois, qui a beaucoup travaillé fur les dimenfions de l'Arche, remarque que le nombre des animaux qui devoit
entrer dans l'Arche, n'eft pas fi prodigieux
qu'on pourroit fe l'imaginer. Nous ne con-
noiffons de bêtes à quatre pieds, qu'environ
cent trente efpeces ; des oifeaux, cent trente ;
& des reptiles au plus trente efpeces. L'on ne
connoît que fix efpeces d'animaux qui foient plus
gros que le cheval ; il y en a peu qui lui foient
égaux, & il y en a un grand nombre qui font
moins grands, & qui font même au-deffous de
la brebis : enforte que tous les animaux à quatre pieds, y compris trois mille fix cens cinquante brebis que l'on met pour la nourriture
des animaux carnaciers, n'occupent à peu près
qu'autant d'efpace que fix - vingt bœufs, que
trois mille fept cens trente brebis, & que quatre-vingt loups.

Des oifeaux, il y en a peu qui foient plus gros
que le cigne, & prefque tous le font moins.

Pour les reptiles, la plupart vivent long-tems
dans l'eau ; les ferpens & les reptiles venimeux
purent être mis dans la fentine de l'Arche.

ÀVEC TOUS LES ANIMAUX QUI SONT
AVEC VOUS. Dieu ! obſerve M .....,

Quant aux proviſions pour la nourriture de
tant d'animaux, il eſt aiſé de leur trouver place
dans l'Arche, ſoit qu'ils vécuſſent tous d'herbes,
de fruits & de légumes, ſoit que les carnaciers
vécuſſent de chair. En ce dernier cas les brébis
deſtinées à la nourriture des animaux carnaciers, diminuant tous les jours, nous ne comp-
tons pour leur nourriure, qu'à peu près autant
de foin qu'il en faut à dix-huit cens vingt brebis qui auroient demeuré toute l'année dans
l'Arche.

Cet Auteur ſupoſe après cela que ſept brebis
peuvent manger en un an autant qu'un bœuf
mange pendant le même tems; ainſi les dix-huit
cens vingt brebis conſumeront autant de foura-
ge, que deux cens ſoixante & onze bœufs,
qui étant joints à ſix vingt bœufs, que l'on prend
pour tous les autres animaux qui ſe nourriſſent de
foin, la ſomme ſera d'environ trois cens quatre-
vingt-onze bœufs, ou quatre cens.

Un bœuf, ſelon M. Columelle, peut ſe nourrir de trente ou quarante livres de foin par jour.
Le pied cube de foin, preſſé comme il eſt dans le
grenier, peſe environ quarante livres ; ainſi quatre cens bœufs mangeant par jour quatre cens
pieds cubes de foin, en conſumeront par an cent
quarante - ſix mille livres, qui occuperont un
eſpace d'autant de pieds en quarré ; or l'étage

faire alliance avec les bêtes ! quelle alliance ! cet étonnement paroîtroit fondé si l'on pouvoit conclure que Moyse
qui raporte ce pacte , pensa que les
animaux fuffent capables d'intelligence,
propres à entrer en alliance , & à en
remplir les conditions. Son objet feul
ici eft d'infpirer du refpect & de la re-
connoiffance aux Ifraélites pour les mi-
féricordes du Seigneur qui veut bien en
cette rencontre, fe fervir de femblables
expreffions pour affurer l'homme de ne
plus déformais le traiter fi rigoureufe-
ment, ni même les animaux à caufe de
l'homme pour qui ils font faits. Ce fage Conducteur des Juifs n'ignoroit pas
les préjugés dont ces Peuples étoient
remplis. Il favoit que le plus grand nombre d'entr'eux, tenoit, ainfi que les Egyptiens au milieu defquels ils avoient vé-

du milieu étoit de cent cinquante mille coudées ;
& par conféquent plus vafte qu'il n'étoit befoin
pour loger ce foin , en confervant le terrein néceffaire pour aller & venir , pour donner de l'air
aux animaux , & pour conferver l'eau douce,

tu ; la plupart des animaux pour des
Dieux ; qu'ils croyoient que les animaux parloient , & qu'ils raisonnoient. Il
pense qu'il faut s'accommoder aux circonstances , qu'il convient de dissimuler pour
un tems des sottises accréditées ; qu'il
est plus à propos de travailler à réfor-
mer peu à peu , que de vouloir d'a-
bord détruire entiérement. Il se conten-
te de représenter les animaux comme des
créatures assujéties à l'homme , qui lui
sont abandonnées , dont il a pouvoir de
se servir dans ses besoins , que Dieu
punit , qu'il conserve , qu'il déclare pu-
res ou impures , qu'il se fait , quand il
le veut , offrir en sacrifice. C'étoit assez dire à ceux des Hébreux les moins
grossiers , qui étoient capables de rai-
sonner par principes , pour leur ôter
toute idée de divinité , d'indépendance ,
d'immortalité , de raison même & d'intelligence dans les bêtes.

Pour assurance de sa promesse , Dieu
dit : JE METTRAI MON ARC DANS
LES NUES , ET IL SERA LE SIGNE DE

L'ALLIANCE QUI EST ENTRE MOI ET
LA TERRE. L'Hiftorien facré ne veut
pas dire là que cet Arc n'ait pas paru
dans le Ciel avant qu'il y fut le figne
de cette alliance. Son intention feule
eft de faire entendre que le figne naturel de la pluie doit devenir par l'inftitu-
tion divine, le figne furnaturel de la bonté de Dieu envers les hommes ; ainfi on
ne doit pas fupofer , comme le veut
M....., que l'opinion commune fut
jadis que l'Arc-en-Ciel n'avoit pas toujours été ; on a toujours pu favoir qu'il
y étoit caufé par la réfraction des rayons
du Soleil dans les goutes de la pluie.
S'il pleuvoit avant le déluge , l'Arc né-
ceffairement devoit paroître dans les
nues , y avoir été aperçu par Noé &
fes enfans ; & ceux-ci en avoir inftruit
leurs fils & leurs petits-fils jufqu'à Moyfe.
Il paroiffoit alors un figne naturel de
la pluie ; on l'y devoit voir dans la
fuite , un figne furnaturel des miféricor-
des du Seigneur.

ET SUR LE SOIR LES DEUX ANGES

ARRIVÉRENT A SODOME, &c. M.....
à son ordinaire, veut encore que toute cette Histoire soit fabuleuse, il dit que
tout ce qu'on lit dans l'Ecriture, de la
violence des Sodomites, de l'offre que
Loth leur fit de ses deux filles ; de son
inceste avec elles quand il fut ivre, du
changement de sa femme en statue de
Sel , a été imaginé par les hommes.
Avec de semblables argumens, il est
facile de tout combattre ; il n'est pas
d'Ecolier qui, à ce prix, ne puisse se
donner pour Pyrrhonien, & nier des
faits qui ont passé, & sur lesquels sur-
tout se sont écoulés près de quatre mille ans. (a) Je lui remarquerai néanmoins que ceux qu'on vient de raporter, quelqu'extraordinaires qu'ils paroissent, ne doivent pas passer pour
choses inventées ; qu'il faudroit bien
peu connoître le cœur de l'homme &
ses penchans , pour ne pas le croire
capable de ces excès ; qu'il seroit à

______

(a) 3664 ans.

ſouhaiter que tous ces déſordres révol-
taſſent toujours autant dans la pratique,
qu'ils ſemblent répugner quelquefois
dans la ſpéculation. Le Sceptique prétendu a horreur des châtimens dont
tous ces crimes furent ſuivis ; voilà ſes
principes de Scepticiſme. Je lui obſerverai que le Teſtament ancien avec
tous les Livres qu'il renferme , dont
Moyſe a fait le Pentateuque , & con-
ſéquemment la Geneſe , eſt venu des premiers Juifs juſqu'à nous ; que perſonne
n'a plus d'intérêt que cette Nation de
travailler à le décréditer ; qu'elle en reconnoît malgré ſa condamnation qu'elle
y trouve la divine autorité ; qu'il n'y
a pas un Juif qui ne verſât ſon ſang
pour ſa défenſe. Quels ſont les Livres
profanes des Auteurs , même les plus
fameux de l'antiquité , qui trouveroient
aujourd'hui de tels défenſeurs ? Diſons-
le, quelles ſont les Hiſtoires modernes
même , je n'en excepte aucune , qui
contredites dans pluſieurs des faits qui y
ſont raportés , rencontreroient en nos
jours

jours d'auſſi zèlés Apologiſtes parmi les
plus Savans même de la république des
Lettres ? Eh ! Monſieur , qui paſſez
pour afficher l'incrédulité dans tous vos
ouvrages , trouvez au moins , s'il eſt
poſſible déſormais , dans votre imagination , des motifs plus puiſſans pour
vous étourdir dans vos erreurs. Cela
n'empêchera pas que vous ne nous
faſſiez compaſſion ; que nous ne con-
tinuyions à pleurer ſur vos ténebres;
que nous ne vous invitions, comme
l'Apôtre S. Jude le diſoit autrefois à
ceux qui avoient été apellés à la foi,
à vous ſouvenir qu'après que le Seigneur eut ſauvé le Peuple en le tirant
de l'Egypte , il fit périr enſuite ceux
qui furent incrédules , (*b*) que nous
ne vous portions à croire que l'Hiſtoire des Rois Juifs , & les Paraly-
poménes ont été dictés pasle ſint.
Eſprit.

M . . . . . . , qui combat cette vérité,
objecte que depuis que la Monarchie

(*b*) Epiſt. de S. Jude, v. 5.

Ch. Hiſtoi-
re des Rois
Juifs, & les
Paralip.

chez les Juifs, fuccéda à la Théocratie, l'on peut dire que tous leurs Livres ont été écrits comme ceux des autres Nations ; que Dieu n'a pas pris la peine , quelle indécence d'expreffion ! de dicter lui-même l'Hiftoire d'un Peuple qu'il ne gouvernoit plus ; que les contradictions qui fe rencontrent très-fouvent dans la chronologie & dans les faits raportés dans les Livres des Rois & des Paralipoménes , peuvent confirmer cette opinion ; (*a*) qu'au refte fi Dieu a toujours écrit l'Hiftoire des Juifs , il faut donc croire qu'il l'écrit encore , qu'ils font toujours fon Peuple chéri , qu'ils doivent fe convertir un jour , &c. La futilité des autres objections de ce Chapitre , m'empêche de les raporter ici.

(*a*) Cet Ecrivain dans un des Chapitres fuivans , intitulé : PHILOSOPHE , quand il entreprend de juftifier Bayle fur la façon fcandaleufe qu'on lui reproche de parler de David , dit ; Bayle ne rendoit-il pas fervice au genre humain , en difant que Dieu qui a fans doute dicté toute l'Hiftoire Juive , n'a pas canonifé tous les crimes raportés dans cette Hiftoire ?

L'état présent des Juifs opiniâtres dans leur révolte envers Dieu , il est facile de s'en convaincre , est bien différent de leur ancien état. Il faut avoir les yeux aussi fermés à la lumiere que ces aveugles, pour les dire toujours le Peuple chéri. Dans ces tems de leur grandeur, gouvernés par les seuls Rois de leur Nation , Dieu ne cessoit de leur montrer une protection toute-puissante. Il avoit ordonné à un de ces Souverains de lui bâtir un Temple où il devoit écouter plus particuliérement leurs vœux. Ses Prophetes leur parloient sans cesse de sa part ; ils leur annonçoient ses volontés , s'ils y demeuroient fidèles , toutes leurs entreprises étoient heureuses, il étoit toujours à la tête de leurs armées pour combattre pour eux ; ils triomphoient de tous leurs ennemis. Quelles sont aujourd'hui victoires & la gloiredes Juifs? Où sont les priviléges qui les distinguent des autres Nations? Quels sont en nos jours les Rois d'Israël & de Juda, nommés de Dieu même , où sont les Villes de

leur domination ? Quels font leurs Prophetes ? Qu'eft devenu leur Temple ?
Où font leurs Autels ? Difperfés & mé-
prifés dans le monde entier , toute leur
vie eft marquée au coin de cette défo-
lation prédite par Daniel. (*a*) Dieu, dit
Ofée , femble ne plus être leur Dieu,
& l'on diroit qu'ils ne font plus fon
Peuple. (*b*) Il ne paroît pas raifonnable après cela , de dire qu'il infpire encore leurs Ecrivains , s'il les infpira
autrefois.

On remarque cette divine révélation
dans tous les Livres des Rois, & des
Paralipoménes, malgré la contradiction
aparente dans la Chronologie, & dans
quelques-uns des faits. Leurs Auteurs
(*c*) y parlent avec une fidélité , une
exactitude , un jugement, une fincéri-
té, une droiture qu'on ne trouve dans

(*a*) Ch. 9.
(*b*) Ch. x.
(*c*) S'il eft facile de fe convaincre que l'Auteur de l'Hiftoire des Rois, n'eft pas celui des
Para'ipoménes; il n'eft pas fi aifé de découvrir
leur nom.

aucun des Auteurs profanes. L'intention de celui qui a fait les derniers de ces Livres, n'étoit pas affurément d'écrire des annales où les événemens fuffent plus circonftanciés, & plus liés que dans les Hiftoires précédentes, ni mê-me de nous tracer un abrégé exact de tous les faits qu'on lit dans les Livres des Juges & des Rois : Il ne commen-ce proprement fon hiftoire qu'à la mort de Saül ; dans le regne de David, il a fait des omiffions confidérables : il dit peu de chofes des Rois d'Ifraël, & des affaires de leur Royaume. Depuis la prife d'Amafias Roi de Juda, par Joas Roi d'Ifraël, il garde un profond filen-ce fur tout ce qui regarde cet état : il ne parle pas auffi des dernieres guerres des Succeffeurs de ce Roi, qui furent fuivies de la captivité des dix Tribus. Je croirois que fon but principal étoit de montrer quelles étoient avant la capti-vité, les généalogies des familles, quel-les étoient leurs fonctions, quels étoient leurs biens, afin qu'après le retour

chacun rentrât, autant qu'il seroit possible, dans les rangs & les héritages de
ses Peres ; de rapeller aux Juifs (&
voici ce qui caractérise l'Historien inspiré) le nombre & l'espece des va-
ses employés de tous les tems dans la
maison du Seigneur, de les attacher à
son temple, à son culte, à sa religion ;
de marquer les Princes qui l'avoient
cultivées & pratiquées, & ceux qui
avoient autorisé & souffert l'idolâtrie ;
ainsi il n'est pas extraordinaire que de
deux Auteurs qui ne se copient pas,
dont l'un écrit une Histoire d'une maniere diffuse, & l'autre d'une façon plus
concise ; il n'est pas extraordinaire,
dis-je, que ces deux Ecrivains ne s'accordent pas dans le nombre, & même
dans le détail des faits ; que celui-ci
suive une date, & que celui-là en suive une autre, en prenant les choses
de plus près ou de plus loin ; & qu'ils
fixent le commencement & la fin d'un
regne selon des époques différentes,
mais non pas contraires & contradictoi-
res.

M......, accoutumé à vouloir réa- liſer toutes les aparences de contradiction, emprunte ici le nom des Savans pour raporter celles qu'il prétend ſe rencontrer dans le ſentiment de ceux qui par une foi éclairée, attribuent le Pentateuque à Moyſe. Il fait dire à ces prétendus critiques qu'il eſt avéré par l'Ecriture même, que le premier exemplaire connu de ces Livres ſaints, fut trouvé du tems de Joſias ; que cet unique exemplaire fut aporté au Roi par le Secrétaire Saphan ; qu'entre Moyſe & cette aventure du Secrétaire, il y a onze cens ſoixante-ſept ans, par le comput Hébraïque ; que ces Livres trouvés ſous ce Roi de Juda, avoient été inconnus juſqu'au retour de la captivité de Babylone, & qu'il eſt dit que ce fut Eſdras, inſpiré de Dieu, qui mit en lumiere toutes les ſaintes Ecritures.

Il leur fait dire qu'aucun Prophete n'a cité les Livres du Pentateuque ; qu'il n'en eſt queſtion ni dans les Pſeaumes, ni dans les Livres attribués à Salomon, ni dans Jérémie, ni dans Isaïe, ni dans aucun Livre canonique des Juifs; que les mots qui répondent à ceux de Genese, Exode, Lévitique, Nombres, Deutéronome, ne se trouvent dans aucun autre Ecrit reconnu par eux pour authentique.

Il leur fait dire que Moyse & tout son Peuple nés en Egypte, n'avoient pu parler dans un désert sauvage, que la langue du lieu de leur naissance; que les Egyptiens alors ne se servoient pas encore de papiros; qu'on gravoit des Hiéroglyphes sur le marbre & sur le bois; que les Tables des Commandemens furent gravées sur la pierre; que la gravure de cinq volumes sur des pierres polies, demandoit des efforts & un tems prodigieux.

Il leur fait dire qu'il ne paroît pas vraisemblable que dans un désert, où les Juifs n'avoient ni cordonnier, ni tailleur, où le Dieu de l'Univers étoit obligé de faire un miracle continuel pour conserver les habits & les vieux fouliers , il fe foit trouvé des hommes affez habiles pour graver les cinq Livres du Pentateuque fur le marbre ou fur le bois ; que quand on diroit qu'il s'eft bien trouvé des ouvriers pour faire dans une nuit le veau d'or ; qui réduifirent enfuite l'or en poudre , opération impoffible à la chymie ordinaire , non encore inventée ; qui conftruifirent le Tabernacle , qui l'ornerent de trente-quatre colonnes d'airain avec des chapiteaux d'argent ; qui ourdirent & brodérent des voiles de lin , d'hyacinthe , de pourpre , d'écarlate ; que cela même fortifie leur opinion , qu'il n'eft pas poffible que dans un défert où l'on manquoit de tout , on ait fait des ouvrages fi recherchés ; qu'il auroit fallu commencer par faire des fouliers & des tuniques ; que ceux qui manquent du néceffaire , ne donnent point dans le luxe , que c'eft une contradiction évidente de dire qu'il y ait eu des fondeurs , des graveurs , des brodeurs , quand on n'avoit ni habits , ni pain.

Il leur fait dire que ſi c'étoit Moyſe qui eût dit que Dieu punit l'iniquité des peres juſqu'à la quatrieme généra-tion , comment Ezéchiel auroit-il oſé dire le contraire ? Que ſi c'étoit lui qui eut écrit le premier Chapitre de la Ge-neſe , comment auroit-il été défendu à tous les jeunes gens de le lire ? Que c'eut été manquer de reſpect au Légiſla-teur ; que ſi le Lévitique étoit ſon ou-vrage , comment auroit-il pu ſe contre-dire dans le Deutéronome ? Que le Lévitique défend d'épouſer la femme de ſon frere , que le Deutéronome l'ordonne ; comment auroit-il parlé dans ſon Livre de Villes qui n'exiſtoient pas de ſon tems ? Comment auroit-il dit que des Villes qui étoient pour lui à l'orient du Jourdain , étoient à l'occident ? Com-ment auroit il aſſigné quarante-huit Vil-les aux Lévites, dans un Pays où il n'y a jamais eu que dix Villes , & dans un déſert où il a toujours erré ſans avoir une maiſon ? Comment auroit-il preſ-crit des régles pour les Rois Juifs ,

tandis que non-feulement il n'y avoit
point de Roi chez ce Peuple ; mais
qu'ils étoient en horreur , qu'il n'étoit
pas probable qu'il y en eût jamais , &
que ceux qu'ils eurent ne vinrent qu'environ cinq cens ans après lui ?

Il leur fait dire que fi Moyfe eût lu
la Genefe & l'Exode aux Juifs , comment auroit-il pu leur dire, je vous ai
fait fortir au nombre de fix cens mille
combattans de la terre d'Egypte fous
la protection de votre Dieu ? Que ceux-
ci lui auroient répondu, il faut que vous
ayez été bien timide, pour ne nous pas
mener contre le Pharaon d'Egypte , il
ne pouvoit pas nous opofer une armée de deux cens mille hommes , jamais l'Egypte n'a eu tant de foldats fur
pied, nous l'aurions vaincu fans peine ,
nous ferions les maîtres de fon Pays:
Quoi ! le Dieu qui vous parle a égor-
gé , pour nous faire plaifir , tous les
premiers nés d'Egypte , & s'il y a dans
ce Pays - là trois cens mille familles ,
cela fait trois cens mille hommes morts

en une nuit pour nous venger ; & vous n'avez pas fecondé votre Dieu ? & vous ne nous avez pas donné ce Pays ferti-tile que rien ne pouvoit défendre ? Vous nous avez fait fortir de l'Egypte en lar-rons & en lâches, pour nous faire pé-rir dans les déferts entre les précipices & les montagnes ! vous pouviez nous conduire au moins par le droit che-min dans cette terre de Chanaan, fur laquelle nous n'avons nul droit , & que vous nous avez promis, & dans laquelle nous n'avons pu encore en-trer ? Il étoit naturel que de la terre de Geffen nous marchaffions vers Tyr & Sidon, le long de la Méditerranée ; mais vous nous avez fait paffer l'Iftme de Sues prefque tout entier ; vous nous faites rentrer en Egypte, remonter juf-que par delà Memphis, & nous nous trouvons à Béel-Séphon au bord de la Mer rouge , tournant le dos à la terre de Chanaan, ayant marché qua-tre-vingt lieues dans cette Egypte que nous voulions éviter ; & enfin, prêts de périr entre la mer & l'armée de Pharaon ! Si vous aviez voulu nous livrer à nos ennemis, auriez-vous pris une autre route & d'autres mesures ? Dieu nous a sauvé par un miracle, dites-vous, la mer s'est ouverte pour nous laisser passer ; mais après une telle faveur falloit-il nous faire mourir de faim & de fatigue dans les déserts horribles d'Ethan, de Cades-Barné, de Mara, d'Elim, d'Oreb & de Sinaï ? Tous nos Peres ont péri dans ces solitudes affreuses, & vous nous venez dire au bout de quarante ans que Dieu a eu un soin particulier de nos Peres !

Il leur fait dire enfin que Moyse, dans la lecture des Livres susdits, arrivé à l'endroit de l'idolâtrie des Israélites, les enfans de ces hommes inconstans dans la Foi, lui auroient dit : Quoi ! vous osez nous conter que votre frere Aaron fit un veau d'or pour nos Peres, quand vous étiez avec Dieu sur la montagne ; vous qui tantôt nous dites que vous avez parlé à Dieu face

à face , & tantôt que vous n'avez pû
le voir que par derriere ! mais enfin
vous étiez avec ce Dieu , & votre frere jette en fonte un Veau d'or en un
seul jour , & nous le donne pour l'a-
dorer ; & au lieu de punir votre indi-
gne frere , vous le faites notre Pontife,
& vous ordonnez à vos Lévites d'é-
gorger vingt-trois mille hommes de votre Peuple ? Nos Peres l'auroient - ils
souffert ? Se seroient-ils laissé assommer
comme des victimes par des Prêtres
sanguinaires ? Vous nous dites que non
content de cette boucherie incroyable,
vous avez fait encore massacrer vingt-
quatre mille de vos pauvres suivans , parce que l'un d'eux avoit couché avec une
Madianite , tandis que vous-même avez
épousé une Madianite ; & vous ajoutez
que vous êtes le plus doux de tous les
hommes. Encore quelques actions de cette douceur , & il ne seroit plus resté personne. Non , si vous aviez été capable d'une telle cruauté ; si vous
aviez pu l'exercer, vous seriez le plus

barbare de tous les hommes , & tous les ſuplices ne ſuffiroient pas pour expier un ſi étrange crime.

Mais toute cette multiplicité d'argumens, dont la plupart , je ne le dirai jamais aſſez , ſont captieux , n'a été imaginée que pour faire illuſion. Ce que je vais dire contre celui que le Contradicteur met à la tête de tous , eſt bien propre à en commencer la preuve ; il faut pour cela prendre les choſes de plus haut que le Sophiſte n'a fait , & remonter ſeulement juſqu'au Roi Joſaphat. Ce Prince qui, ſelon la remarque de l'Ecriture , marcha toujours dans les premieres voies de David ſon aïeul , envoya la troiſieme année de ſon regne , qui étoit l'an 3124 , Benhaïl , Obdias , Zacharie , Nathanaël , Michée , tous premiers Seigneurs de ſa Cour , (a) auxquels

(a) L'inſtruction des Loix de Dieu ; ſuivant les regles ordinaires , eſt réſervée aux Prêtres. *Labia enim Sacerdotis cuſtodiunt ſcientiam , & legem requirent ex ore ejus.* * Mais dans les cas extraordinaires , il paroît que c'en étoit un ici. Joſa   • Malach. ch. 3. v. 7.

il joignit les Lévites , Séméias, Natha=
nias, Zabadias , Azaël , Sémiramoth, &c.
& les Prêtres Elifama & Joram , pour
inftruire le Peuple dans les Villes de
fon Royaume : Dans toutes leurs inftruĉtions ils portoient avec eux le Livre
de la Loi du Seigneur ; (*b*) il feroit
affez inutile d'obferver que ce Livre é-
toit donc déjà connu alors. Cent foixante-
neuf ans après , Achaz regne fur Juda;
il viole cette Loi fainte , fe livre à
l'idolâtrie , y porte fes Sujets , brife
les vafes de la Maifon de Dieu , & en
fait fermer les portes. (*c*) Manaffès &
Amon

phat venoit de faire abattre les bois confacrés
aux Idoles, quiconque eft capable d'inftruire ,
eft obligé de fe prêter à cette importante fonc-
tion, & perfonne n'eft plus propre à y réuffir,
après ceux qui en font chargés d'office , que
les Grands. Auffi peut-être que ces Seigneurs ,
étoient moins pour inftruire , que pour apuyer
les Prêtres dans leurs inftruĉtions , & pour obli-
ger les Peuples à les recevoir avec refpeĉt, &
à pratiquer ce qu'on leur enfeignoit.

(*b*) 2. Liv. 1. Paralip. ch. 17. v. 3. 7. 8. 9.
(*c*) Idem. ch. 28. v. 24.

Amon qui lui fuccédérent , imitérent fes impiétés. Les Prêtres dans ces jours malheureux, dûrent craindre pour les faints Livres ; ils les tirérent des côtés de l'Arche où ils reftoient toujours par ordre de leur Auteur , (*d*) & les tinrent cachés. L'an trois mil trois cens quatre-vingt-quatorze, Jofias monte fur le trône, dix-huit ans après, qui pouvoient être deux cens quatre-vingt-huit ans depuis Jofaphat , il ordonne à Saphan de dire au Grand-Prêtre de faire fondre tout l'argent des offrandes , pour en payer les ouvriers employés aux réparations du Temple. Helcias qui venoit d'y découvrir , comme l'on tranfféroit cet argent, les Livres donnés par Moyfe, (*e*) dit à ce Secrétaire: J'ai trouvé dans le Temple le Livre de la Loi du Seigneur ; Saphan le reçut des mains

---

(*d*) *Poftquam ergo fcripfit Moyfes verba legis hujus in volumine, atque complevit : præcepit Levitis qui portabant arcam fœderis Domini , dicens : tollite librum iftum , & ponite eum in latere arcæ Domini Dei tefti.* Deut. ch. 31. v. 24 ; 25 , 26.

(*e*) 4. Lib. reg. ch. 22. v. 3 , 4 , 5 ; 8 , 9 , 10.

du Grand-Prêtre, & de retour au Palais il le préfenta au Roi. (*f*) D'après toutes ces chofes on peut dire que ce Livre original de Moyfe, dont les malheurs des tems avoient interrompu la lecture jufqu'aux jours de Jofias, trouvé dans le Temple par Helcias Grand-Prêtre, fut lu au Peuple, comme l'on avoit fait près de trois fiecles auparavant fous, le regne de Jofaphat.

Je dirai plus, il eft conftant, par les Samaritains qui habitent la Paleftine & autres lieux, que ce Livre fut connu fous le regne mêmc de Jéroboam. Ces Peuples ont, auffi-bien que les Juifs, les Livres de Moyfe écrits en Langue hébraïque, mais en anciens caracteres Phéniciens. (*g*) S'ils ne les ont pas

[*f*] *Cumque efferrent pecuniam quæ illata fuerat in templum Domini, reperit Helcias facerdos legis librum Domini, per manum Moyfi.* Cet endroit de l'Ecriture, & celui que j'ai cité un peu plus haut, fuffifent feuls pour détruire tous les raifonnemens du Contradicteur.

(*g*) On croit que les caracteres anciens que je viens de nommer, qui furent communs aux Sa-

(131)

hérités de leurs Peres qui vivoient au tems du Schisme des dix Tribus, arrivé sous ce Roi idolâtre ; de qui les ont-ils eûs? Il y auroit de l'absurdité à dire qu'ils les auroient reçus des Juifs leurs plus cruels ennemis ; il auroit fallu pour cela, dans l'opinion du Contradicteur, qu'ils leur suposassent dans un tems, des Auteurs inspirés qu'ils n'auroient pas trouvé parmi eux. Ce n'est pas-là la marche de l'esprit de parti.

Les Samaritains qui ont conservé, comme l'on vient de remarquer ; leurs caracteres anciens dans les exemplaires

maritains & aux Juifs avant la captivité de Babylone, sont ceux-là même dont le Législateur s'est servi. Depuis le retour les Juifs employérent indifféremment les anciennes lettres Phéniciennes, telles qu'on les voit sur des Médailles frapées par Simon Machabée ; & les lettres Chaldéennes dont ils se servent communément aujourd'hui, & les lettres Grecques quand la Langue du même nom fut devenue celle de la Sirie. On trouve des Médailles d'Antigone, qui sont marquées de lettres Phéniciennes & Grecques ; mais sous le grand Hérodote, les Médailles n'ont que des lettres Grecques.

qu'ils ont tiré des Ecritures de Moyſe
peuvent bien auſſi ne pas les avoir divi-
ſés en pluſieurs Livres. Cette diviſion
fut toujours purement arbitraire ; les
Juifs aſſurent que toute la Bible n'étoit
autrefois que comme un ſeul verſet ; il
eſt aſſez croyable que le partage qu'on
y voit à l'entrée des cinq Livres, a été
fait par Eſdras. L'addition qu'on lit au
commencement du dernier , le perſua-
de. C'eſt une eſpece d'avant-propos ;
ainſi il n'eſt pas étonnant que dans les
Pſeaumes , dans les Livres attribués à
Salomon , dans Jérémie , dans Iſaïe ,
dans tous les Prophetes qui ſont ve-
nus avant , ou même quelque tems après
Joſias , il ne ſoit queſtion ni de Geneſe , ni d'Exode , ni de Lévitique , ni de
Nombres , ni de Deutéronome. Cette
diviſion n'avoit pas encore été faite ;
les Juifs qui la ſuivent , donnent à chacun des cinq Livres de Moyſe , le nom
du mot Hébreu par lequel il commen-
ce : ils nomment la Geneſe *Bereſith* , à
cauſe qu'elle commence par ce mot ;

l'Exode est apellé véelle *Schemot* par la
même raison, &c.

Je ne comprends pas pourquoi les
Peres de ces Peuples, nés en Egypte,
mais dans le sein de leur Nation, n'auroient pû, sortis de ce Royaume, parler dans un désert sauvage, d'autre
idiome que l'Egyptien, & n'auroient pas
pu être instruits de leur langue mater-
nelle ; à moins que le Contradicteur
ne prétende que la naissance, quoiqu'au
milieu des siens, dans une terre étran-
gére, soit un obstacle invincible à pouvoir aprendre d'autre langue que celle
de cette terre. Je ne m'arrêterai pas à
combattre une telle opinion ; on en
sent toute la fausseté, & l'expérience
seule suffit pour la détruire. On voit
des Négres dans toutes les Colonies,
avoir des enfans qui parlent la langue
des Européens, & le jargon du Pays
de leurs Peres. Le Contradicteur dira
qu'on pourroit empêcher ces Esclaves
de parler à leurs enfans ; à la bonne heure, qu'il nous fasse voir que les Maîtres

des Ifraélites ont pris avec eux les mêmes mefures. Je ne le croirois pas plus
en état de nous montrer comment Moyfe lui-même pendant les quarante années
qu'il eft refté avec les Ifraélites, n'auroit pas pû fans un travail violent, graver fur la pierre les cent quarante-cinq
à cinquante pages *infolio* que peuvent
contenir fes Ecrits : ou à fon défaut
comment parmi près de fix cens mille
hommes propres à porter les armes, il
ne fe feroit pas trouvé affez d'ouvriers
(fur-tout fi l'on faifoit dans ces tems-là
les graveurs comme l'on fait les écrivains
à préfent) à chacun defquels l'Hiftorien
facré auroit dicté une phrafe par jour,
pour graver fans des efforts extraordinaires fur la pierre ou fur le bois le
Pentateuque.

Les Arts & les Métiers étoient connus chez les anciens Peuples de l'Egypte , peut - être plus 'qu'ils ne le font
parmi nous. Cette Nation avoit fait
dès ces tems-là les grands progrès que
nous faifons feulement depuis quelques

ſiecles dans les ſciences. Les Egyptiens excelloient dans la broderie ; ils entendoient la fonte des métaux, ſavoient la gravure, la chymie : ils dûrent en habiles Politiques, ſur-tout ſous le miniſtere de Joſeph, enſeigner toutes ces Choſes à ſes freres. Il eſt de l'intérêt d'un Etat que les connoiſſances s'y perfectionnent ; le grand nombre des Artiſtes & des Ouvriers, en eſt un moyen ſûr. Les Juifs par-là devenus Fondeurs, Graveurs, Chymiſtes, Brodeurs, chacun ſelon ſon goût particulier ; ils furent les maîtres pendant un très - long-tems, après la mort même de ce premier Miniſtre de Pharaon, de ſe livrer tout entiers à leurs talens. Dans la ſuite des tems les Egyptiens qui avoient oublié les ſervices de l'aïeul, purent ne pas laiſſer aux neveux cette grande liberté de travail de goût ; ils s'acharnerent à oprimer des Régnicoles, qui ſervoient l'état depuis près de trois cens cinquante années. Après quatre-vingt ans paſſés dans l'eſclavage le plus dur, Dieu fut touché de leurs maux. Il envoya, comme je l'ai déjà dit ailleurs, Moyſe pour les tirer de ſervitude, avec ordre à ſon Peuple d'emporter de l'Egypte tous les vaſes d'or & d'argent qu'il pourroit, beaucoup d'habits ou vétemens ; de dépouiller la voiſine, l'hôteſſe, de ne pas même épargner l'ami. Un ſemblable butin fait ſur une Nation riche, ſupoſe une grande quantité d'effets de tout prix & de toute eſpece, emportés par les Iſraélites, parmi leſquels dûrent ſe rencontrer bien des métaux (a), étoffes, outils même dont ils purent faire uſage dans la gravure des Ecritures du Légiſlateur ; dans la conſtruction du Tabernacle, & de ſes Ornemens ; dans la fabrication du Veau d'or ; & enfin de tous les Ouvrages que le Contradicteur combat ſans fondement.

Il ne paroît pas plus fondé dans tous

(a) Sans parler des Pendans d'oreilles d'or que les Femmes & les Filles Juives, portérent à Aaron. *Exod. ch.* 32. v. 2, 3, 4.

les autres raisonnemens qui suivent : J'ai prouvé déjà, à l'article d'Ezéchiel, que ce Prophete qui, au Chapitre dix-huit de ses Prophéties, disoit que le fils innocent ne portera pas l'iniquité du pere, ne se trouvoit pas en contradiction avec Moyse, qui au Chapitre vingtieme de l'Exode, avoit dit que Dieu visitera l'iniquité des peres jusqu'à la troisieme & la quatrieme génération, sur les fils qui l- haïront. De semblables redites décélent la passion ; elles font des preuves non équivoques de l'acharnement de l'Auteur à avancer le faux.

Je n'ai pas à craindre le même reproche, quand je dirai que ce n'est pas manquer de respect à un Ecrivain inspiré même, d'interdire à une jeunesse étourdie, pour l'ordinaire superficielle, la lecture de certains endroits trop difficiles à expliquer de ses Ecritures, parce qu'on en apréhende l'abus. Ces précautions sages annoncent au contraire, une grande vénération pour les Livres de Moyse.

Il feroit à fouhaiter, ne fût-ce que pour l'honneur ou la tranquillité même du malheureux Critique, que l'on pût remarquer dans quelques - uns de fes Ecrits, qu'il les refpecte autant; on ne le verroit pas toujours apliqué à chercher les occafions de les contredire; il conviendroit au moins ici, qu'il eft libre à celui qui porte la Loi, d'y faire toutes les exceptions qu'il lui plaît; que le faint Légiflateur qui, dans le Chapitre dix-huitjeme du Lévitique, avoit défendu au frere d'époufer la femme de fon frere, a pu dans le Chapitre vingt - cinquieme du Deutéronome, en excepter le cas où ce frere feroit mort fans enfans; & ordonner qu'alors le frere vivant épouferoit la veuve du mort, pour lui fufciter lignée. Je raporte exprès afin de faire apercevoir tous les torts du Contradicteur, les propres paroles de ces deux endroits de l'Ecriture : VOUS NE DÉCOUVRIREZ POINT CE QUI DOIT ÊTRE CACHÉ DANS LA FEMME DE VOTRE FRERE :

premiere Loi. LORSQUE DEUX FRE-
RES DEMEURERONT ENSEMBLE, ET
QUE L'UN D'EUX SERA MORT SANS
ENFANT, LA FEMME DU MORT N'EN
ÉPOUSERA POINT D'AUTRE QUE
LE FRERE DE SON MARI, QUI LA
PRENDRA POUR FEMME, ET SUSCI-
TERA DES ENFANS: seconde Loi.
Pour qu'il y eût contradiction entr'elles,
comme le Contradicteur le dit affirma-
vement, ne faudroit-il pas que celui
qui les a faites, y eût dit des choses dia-
métralement oposées, & que Moyse
qui dans la seconde Loi, a ordonné au
frere d'épouser la femme de son frere
mort sans enfans, l'eut expressément
défendu dans la premiere, en spécifiant
les mêmes circonstances ? L'esprit sans
contredit, de ces deux Loix est : VOUS
N'ÉPOUSEREZ POINT LA FEMME DE
VOTRE FRERE PENDANT SA VIE, NI
MÊME APRÈS SA MORT S'IL A DES
ENFANS : VOUS L'ÉPOUSEREZ S'IL
N'EN LAISSE POINT.

Les grands parleurs n'avancent pas

toujours des abſurdités ; ils diſent quelquefois des choſes raiſonnables. On convient avec le Critique , qu'il y a quelques endroits dans le Pentateuque dont
Moyſe ne peut être l'Auteur. Ceux qui
ont rédigé & revu ſes Ecrits , y ont
fait les additions qu'on remarque dans
la Geneſe , dans les Nombres, dans le
Deutéronome ; elles ne peuvent faire
preuve contre le ſentiment judicieux
des Egliſes Juives & Chrétiennes qui
lui attribuent ces Livres. Un Ecrivain
qui auroit emprunté ſon nom pour donner ſes propres Ouvrages au Public,
n'auroit pas été capable de placer le ré-
cit de ſa mort à la fin du dernier. La
bévue eut été trop groſſiere ; elle n'eut
pu faire prendre le change à perſonne.
L'Impoſteur eut agi évidemment contre ſon deſſein particulier, & il ſe ſeroit déshonoré , & fait mépriſer parmi
les Juifs.

Qu'importe que les fils & les petits-
fils de ces Peuples ſortis de l'Egypte,
dans la lecture que Moyſe leur auroit

falte de la Genefe & de l'Exode ; euffent pu après un grand nombre d'années de voyage fatigant, lui adreffer
tous les reproches que le Critique dé-
crit avec tant d'art. Peintures frivoles
& téméraires ! Le fage Conducteur
des Juifs tenoit fa miffion de Dieu même ; il conduifoit par-tout fon Peuple,
felon les ordres qu'il en avoit reçus.
Les deffeins de l'Etre fuprême ne font
pas ceux des hommes, il ne veut pas
que cette multitude d'efclaves combat-
tent les Egyptiens inférieurs en nombre
qui les pourfuivent. Son intention eft
de s'attacher Ifraël par les prodiges qu'il
opere en fa faveur, & d'empêcher qu'il
ne puiffe attribuer à fes forces, la dé-
faite de fes ennemis. Les Ifraélites méprifent ces bienfaits ; ils fe répandent
en murmures continuels. Dieu , pour
les punir, les condamne à errer pendant quarante ans dans les déferts, &
remet au tems du fucceffeur de Moyfe
à les en faire fortir ; la route qu'il leur
fait tenir, fouvent entre les précipices

& les montagnes, dans un pays ennemi, paroît dangereuſe : il eſt à leur tête
le jour & la nuit, il ſaura prévenir tout
accident fâcheux.

De tous les traits d'ingratitude des
Iſraélites comblés, comme l'on peut
voir, des faveurs du Tout-Puiſſant, leur
infidélité pendant la courte abſence de
Moyſe, occupé avec Dieu de leurs plus
chers intérêts, eſt ſans contredit un des
plus monſtrueux. Ces Peuples impatiens
de ne pas voir leur Conducteur avec
eux, s'aſſemblent tumultuairement contre Aaron, & lui demandent des Dieux
pour être à leur tête. Que répondre à
une multitude de furieux que l'on ſait
capables de ſe porter aux derniers excès ? Il condeſcent à leur faire fondre un
Veau d'or ſur le modèle aparemment de
l'Apis des Egyptiens. Si cette action eſt
criminelle aux yeux de Dieu, elle ne
paroît pas au moins inexcuſable devant
les hommes. Elle n'a pas été faite par vice de cœur. Le manquement ſeul de fer-
meté l'a produite. Moyſe, dans ces jours

d'abomination, descend de la montagne
par ordre de Dieu ; il arrive au camp ,
voit l'Idole ; sa colere s'enflamme… Il
brise les Tables de la Loi, réprimande
son frere , il en écoute après les raisons qui peuvent servir à l'excuser ;
(a) & fait passer au fil de l'épée 23000
de ces hommes infidèles : Ce carnage
& un second plus grand encore , que
Moyse commande dans un autre tems
pour cause de la fornication de Zam-
bri Israélite , avec la fille d'un Prince
de Madian , avoient été ordonnés de
Dieu. Il n'eût servi de rien aux mal-
heureuses victimes de ses vengeances
de vouloir y résister ; & ceux de leur
Nation que leurs malheurs auroient in-
téressés, auroient eu tort de reprocher
au Législateur de s'être allié lui-même
avec une Madianite. La Loi seule rend
les hommes criminels. Quand Moyse
épousa la fille de Jéthro , celle de ne

_____

(a) *Ne indignetur Dominus meus : tu enim nosti po-*
pulum istum , quod pronus sit ad malum. Exod, ch.
33. v. 22.

pas s'allier avec les Nations étrangéres , n'avoit pas encore été portée. Je
rends au Contradicteur toute la justice
que je crois lui devoir ; il connoît le
vuide de plusieurs de ses raisons, il les
écrit toutefois, il se persuade qu'elles
pourront toujours plaire à quelques-
uns de ses Lecteurs peu attentifs.

Ch. Mira-
cles.

    Celles qu'il emploie , à ce qu'il dit
d'après les Physiciens , pour combattre
l'existence ou la possibilité même des
Miracles , ne paroissent guéres plus so-
lides. Un Miracle , quoiqu'en disent ces
Messieurs, n'est pas la violation des
loix mathématiques , divines , immuables , éternelles. C'est le définir mal
pour en tirer des conséquences fausses ;
il est au contraire l'exécution de ce decret éternel que Dieu forma quand il
prescrivit des Loix à la nature. (*a*)
Toute infraction des loix physiques fu-
pose

(*a*) Il voulut que dans cet ordre constant que
nous admirons, il y auroit pour remplir les vues
de la sagesse infinie., dans tel & tel tems de
ces exceptions surprenantes que nous apellons
miracles.

pofe quelque opération de même nature qui en violeroit la difpofition ; il
ne peut y arriver rien de femblable
quand un Miracle qui eft un acte furnaturel s'opere ; le cours de ces Loix
eft feulement interrompu alors. Leur
Auteur, en les établiffant, s'eft réfer-
vé le droit de le fufpendre dans telle
& telle circonftance qu'il a prévu. Ces
momens arrivent, il remplit fes deffeins éternels. Ses loix mathématiques
& immuables n'en font pas violées ;
il ne s'y fait aucun changement ; leur
beauté eft toujours la même ; fon ouvrage n'eft pas défiguré.

Il faut l'affurer. L'éternelle Sageffe
ne fait certainement rien fans raifon,
elle feule peut favoir de quel prix nous
fommes à fes yeux ; elle fe fert des
événemens furnaturels, foit qu'elle les
opere par elle-même, foit qu'elle em-
ploie à cet effet, le miniftere de fes
créatures, pour manifefter & autorifer
la vérité devant tous les hommes en
général, & plus particuliérement en-

core devant ceux qui ne la connoiſſent
pas.

Elle ne tient pas , avant de les produi-
re, le langage abſurde que le Contradicteur voudroit lui prêter ; je ne le répé-
terai pas , il ne paroît d'aucun intérêt ;
j'obſerverai ſeulement que cet Ecrivain
dangereux continue d'argumenter ſur
de faux principes ; qu'après une défini-
tion vicieuſe, il ne peut faire que de mauvais raiſonnemens ; que quand Dieu fait
des Miracles, il ne change rien à ſes éternelles idées , ni à ſes deſſeins immuables , qu'il exécute dans le tems, ce
qu'il avoit déterminé dans l'éternité.

Les prodiges raportés des filles du
Grand-Prêtre Anius , d'Athalide , d'Eſ-
culape (a) , d'Hercule , d'Heres , &c,

(a) On pourroit dire toutefois que les guéri-
ſons & réſurrections miraculeuſes que l'Hiſtoire
fabuleuſe attribue à cet habile Médecin &
Chirurgien des Grecs , ſont tout au plus des
eures de la nature de celles que le célebre le
Cat opere tous les jours parmi nous. Je ne puis
le taire , tous les quais de Paris & de la Province , ſont tapiſſés de portraits d'Ecrivains

font des fictions imaginées sur le modèle des vrais prodiges qu'on lit dans
nos Livres saints. Leur autorité ressemble à celle des Divinités qui y prési-
doient ; ils ne pourroient tout au plus,
trouver de crédit que parmi ceux qui
se diroient les partisans du Polytéisme.

Les Miracles de Jesus - Christ & des
Apôtres, sans vouloir assurément établir aucune comparaison ; ont rempli
toute la terre d'admiration & d'étonnement ; leur notoriété a été publique ,
leur vertu a paru surnaturelle , & les
avantages que la Religion & les hommes en ont retirés, ont été subites &
durables. Nous les croyons, parce que
nous leur trouvons tous ces caractéres
des vrais Miracles ; parce que nous les
lisons dans l'Evangile ; & par-dessus
tout, parce que l'Eglise, qui ne sauroit

pernicieux & méchans ; & chose étrange ! on
ne voit nulle part celui de ce Savant utile à
la Patrie , à qui la Grece jadis eût décerné les
honneurs de l'apothéose. France éclairée aujour-
d'hui ; quelles sont tes maximes !

ſe tromper, les croit, & nous les pro-
poſe à croire.

Les autres événemens qui ſemblent
ſurnaturels, raportés dans les Légen-
des, ſi nous leur remarquons des motifs autentiques de crédibilité, tels que
nous les trouvons dans ceux qu'on lit
dans les Confeſſions & la Cité de Dieu
de Saint Auguſtin, nous les croyons
pieuſement.

Tous n'ont pas été opérés dans des
ſiecles d'ignorance, pluſieurs ont été
faits ſous les yeux des Grecs & des
Romains, Peuples éclairés. Le Chriſtianiſme compte parmi ſes Proſélytes, des
Philoſophes de ces deux Nations : Ces
grands Hommes convertis à la Foi de
Jeſus-Chriſt, en ont vu les courageux
Défenſeurs expoſés aux bêtes les plus
féroces, livrés à toute ſorte de tourmens, à ceux du fouet, de la roue,
du feu, triompher de tous ces ſuplices, & conſommer leur glorieux mar-
tyre ſous le glaive meurtrier des bour-
reaux. La main toute-puiſſante qui fer-

ma la gueule des lions, qui arrêta l'activité des flammes dévorantes, ne pouvoit-elle pas émousser le tranchant de la hache de l'Exécuteur, & empêcher de porter le coup mortel ; il eut fallu pour convaincre le prétendu Sceptique, que Dieu refusât de couronner ses propres dons, & qu'il manquât à la promesse qu'il a faite, soit par lui-même, soit par ceux qu'il inspiroit, d'accorder la couronne de gloire à ceux qui auroient légitimement combattu.

Eh ! toute la Nature est soumise à la volonté de son divin Auteur. Les grandes merveilles raportées dans l'un & dans l'autre Testament, en sont des preuves certaines. Il fit autrefois entendre sa voix aux élemens, & ces êtres inanimés lui obéirent, il leur parlera en nos jours, il en sera écouté. Saint Paul, Apôtre des Gentils, avoit dit avant Saint Chrysostome & Saint Augustin, que les Miracles n'étoient absolument nécessaires qu'aux Infidèles ; si l'on en excepte les Sceptiques prétendus de notre siecle, & leurs partisans, quelle en pourroit être aujourd'hui la nécessité parmi nous ? Je ne crains pas de le dire, Moyse, Jesus-Christ, les Apôtres, les Disciples & autres saints Personnages, reparoîtroient, ils opéreroient les choses surprenantes, telles qu'on les vit à l'établissement des religions Juives & Chrétiennes, & même plusieurs siecles après, ces Messieurs n'en seroient pas plus soumis. Ils objecteroient toujours l'impossibilité prétendue des Miracles, & ils n'en donneroient point d'autre raison, au moins plus solide.

Les Faunes & les Satyres dont parle Saint Jérôme dans la Vie de Saint Paul Hermite, n'ont rien qui doivent faire crier à la puérilité, ni au prodige; ils pourroient être de ces animaux que les Européens nomment hommes de bois, & que l'on voit à la Côte de l'Est & du Nord de Madagascar. Ces sortes d'animaux ont quelque chose de la figure humaine, sont moins laids que les singes, marchent le plus souvent sur

les pattes de derriere, s'aprivoifent
facilement, font mille petits tours agréables, & peuvent aprendre les petits
jeux d'enfant. Le fameux de Lally, Com-
mandant Général des troupes dans l'In-
de, en avoit un à Pontichéri ; il s'a-
mufoit un jour, & parloit peut-être avec
cet animal, Milord Inifquiline arrive, il
lui en vante les gentilleſſes ; cet Officier
un peu cauſtique en convint, & lui
ajouta qu'il feroit très-propre à amufer
un prifonnier à la Baſtille. Vous n'a-
vez jamais, lui repliqua ce Général,
que des chofes difgracieufes à me dire.
Saint Jérôme n'eſt pas le feul Pere qui
a cru les Hiſtoires fabuleufes des Faunes & des Satyres. Saint Athanafe dans
la Vie de Saint Antoine, a montré la
même crédulité : Ces deux Ecrivains,
d'une bonne judiciaire & d'une grande érudition d'ailleurs, avoient proba-
blement fuivi en cela, des traditions ou
mémoires faux.

M...... qui craint aparemment de Ch. Paul.
trouver ces fortes d'écueils jufques dans

les Ecrits les plus autentiques, n'ose se décider de lui-même sur le lieu de la naissance de S. Paul , ni sur sa qualité de Citoyen Romain : il demande à être ins-
ruit sur ces deux chefs , & sur quelques autres non moins importans ; je
vais essayer de le satisfaire : Saint Paul ,
selon l'aveu qu'il en a fait lui - même
tant de fois , est né à Tharse en Cili-
cie dans l'Asie mineure. Les sentimens
paroissent partagés sur le tems où cette
Ville acquît le droit de Bourgeoisie romaine ; les uns prétendent que ce fut
sous Jules-César , pour avoir suivi son
parti dans la victoire qu'il remporta
sur ses Compétiteurs ; les autres disent
qu'on n'en voit aucun vestige sur les
Médailles avant le regne de Caracalla ou
d'Heliogabale , & soutiennent que ce ne
fut que plus de deux cens ans plus tard
sous l'un ou l'autre de ces deux Empereurs. (*) Mais quoiqu'il en soit de cet-

____

(*) Je crois que ce dernier sentiment est sans
fondement sûr. Le Contradicteur au moins
dans sa Critique, n'en parle pas ; il est vrai

te diverſité d'opinions], qui tendroit à faire douter ſi Saint Paul fut jamais Citoyen Romain , il eſt conſtant qu'il avoit cette qualité ; comme il le dit , par ſa naiſſance. Le droit de Bourgeoiſie Romaine avoit déjà été accordé alors à tous les habitans de Tarſe , où il avoit ſeulement été donné à ſa famille en particulier ; cette alternative eſt néceſſaire : ſans cela comment cet Apôtre auroit-il pu prendre , ſans qu'on lui diſputa, une qualité qui le diſtinguoit de ſes Compatriotes, tous ſes ennemis déclarés, devant le Centenier & le Tribun Juifs ; devant un peuple qui l'avoit vu pendant près de vingt ans à Jéruſalem , dont pluſieurs d'entr'eux avoient été ſes Condiſciples ; devant Felix & Feſtus Gouverneurs Romains, qui tenoient catalogue de leurs Privilégiés en Judée, devant Agrippa qui en étoit Roi , qui devoit connoître ceux

qu'il ſemble en déſigner un. Quel eſt-il ? Il eſt facile de juger de ſon authenticité , puiſqu'il ne le raporte pas.

de ſes ſujets qui avoient droit d'apel à Céſar. Je ſupoſe que les François faſſent la conquête de la Pruſſe ; qu'ils accordent pour des ſervices qu'on leur auroit rendu, le droit de Bourgeoiſie Françoiſe à quelques Villes ou Familles de ce Royaume ; qu'un Pruſſien enſeigne une Doctrine qui ne ſeroit pas celle de ſa Nation, qu'on l'arrête, qu'on veuille le traiter en criminel, qu'il ſe diſe Citoyen François ; qu'il en apelle à LOUIS QUINZE ; ſi ſes qualités ne ſont pas connues, conſentira-t-on à ſon apel ſans avoir examiné auparavant s'il a ce droit ? qui oſeroit répondre affirmativement ? Les Romains & les Juifs étoient ici je le penſe, auſſi ſages que le ſont les François & les Pruſſiens.

Il faut l'être bien peu pour mettre en parallele les vérités renfermées dans nos Livres Saints, avec les impoſtures des Livres des hérétiques. Les Ebionites qui firent la traduction du Livre des Actes de Grec en Hébreu, le corrompirent ; ils y mêlérent plu-

fieurs fauffetés contraires à la mémoire des Apôtres Saint Jacques , Saint
Pierre & Saint Paul. Le refus de la
fille de Gamaliel à Saul , qui la demande en mariage, & fa vengeance en fe
faifant Chrétien, eft une de ces impiétés fabuleufes ; elles ont été toutes
fuffifamment réfutées par S. Epiphane,
dans fon Livre des Héréfies , Chapitre 30, Section 16. Il paroît furpre-
nant que le Contradicteur qui en convient, propofe fi l'on ne pourroit pas
humainement croire auffi - tôt ce refus
prétendu le motif qui auroit porté Saul
à embraffer la Religion Chrétienne ,
que la grande lumiere en plein midi,
qui le renverfa de fon cheval, & la
voix célefte qui lui cria : Saul, Saul,
pourquoi me perfécutes-tu ? Avant d'en-
treprendre de réfoudre ce problême té-
méraire , ne pourroit - on pas à tous
égards demander s'il peut avoir lieu ?
Si Gamaliel que l'on croit pere d'Abi-
bas & de Sédémias, a eu auffi des filles ? Quel eft leur nom , celui de leur

mere ? On ne les voit nommées nulle part : Supofons-le mari & pere de deux fils , & fi l'on veut d'une fille. Je penfe qu'il n'eft pas probable qu'un Juif, & un Juif entiérement attaché à la Secte des Pharifiens, ait été capable de la quitter , de renoncer à la Religion de fes peres , à fa Patrie, à fes biens, à fon honneur même , à fes parens , à fes amis , pour fuivre une Religion qui ne lui promettoit que des humiliations , des mortifications , des oprobres , des croix, des tourmens , une mort ignominieufe , dans le deffein de fe venger d'un homme qui ne l'auroit pas voulu avoir pour gendre. L'amour défordonné des créatures peut porter à de grands excès : on n'en n'a vu malheureufement que trop d'exemples ; mais il n'opéra jamais de prodiges , au moins de la nature de celui dont nous parlons. Quand on conviendroit que dans toute autre Hiftoire profane, le refus de Gamaliel fembleroit plus naturel qu'une voix célefte ; on ne pourroit

en rien conclure ; ce n'eſt pas ce dont
il eſt queſtion ici, diſons-le. Les Ebio-
niſtes ennemis des maximes humiliantes
de Jeſus-Chriſt, n'avoient que des ſentimens de mépris pour ſa perſonne; il
n'eſt point étonnant qu'ils aient cher-
ché à donner du ridicule aux actions
les plus ſaintes de ſes défenſeurs.

La haine furieuſe & l'amour indiſcret
portent également à mentir, on dit le
faux, on l'écrit même ſouvent par l'un
ou l'autre de ces deux motifs. Les Actes
de Sainte Thécle, ſes Voyages, l'Hiſtoire du baptême du Lion, ont toujours paſſé pour apocryphes : ils furent
imaginés & ajoutés aux vrais Actes,
dit Saint Jérôme, (b) par un certain

(b) *Sanctus Hieronimus in catalogo ſcriptorum Eccle-
ſiaſticorum in luce ait : periodos Pauli & Thecle, &
totam Leonis baptiſati Fabulam, inter apocryphas
Scripturas computamus. Quale enim eſt, ut individuus
Comes Apoſtoli inter cæteras ejus res hanc ſolum
ignoraverit ? Sed & Tertullianus vicinus eorum tem-
porum, refert presbyterum quemdam convictum apud
Joannem, quod author eſſet libri, & confeſſum ſe
hoc Pauli amore feciſſe, & ob id excidiſſe.*

Prêtre d'Afie. Saint Jean l'Evangélifte, au raport de Tertullien, le convainquit de cette impofture groffiere ; il lui fit avouer qu'il l'avoit faite par amour pour Saint Paul.

Quand il s'agit des intérêts de Dieu, rien ne doit empêcher d'en prendre la défenfe. Cet Apôtre eft louable, d'avoir repris Saint Pietre, qui ne marchoit pas droit felon la vérité de l'Evangile, fa diffimulation devant les Circoncis qu'il craignoit d'offenfer, pouvoit être un fujet de fcandale aux Gentils convertis nouvellement. Saint Paul apréhende ces événemens fâcheux. Il lui réfifte en face, remarque Saint Auguftin, avec une jufte liberté, (a) & lui

(a) Porphyre accufoit S. Pierre d'erreur, & S. Paul d'orgueil, Saint Auguftin prétendoit qu'on pouvoit lui fermer la bouche & à fes femblables ; en difant que Saint Paul avoit repris Saint Pierre avec une jufte liberté ; & que Saint Pierre avoit reçu fa répréhenfion avec une fainte humilité. EST ITAQUE LAUS JUSTÆ LIBERTATIS IN PAULO, ET SANCTÆ HUMILITATIS IN PETRO. Aug. ep. 82. p. 22. nov. édit.

fait ce judicieux reproche ; fi vous qui
êtes Juif, vivez à la maniere des Gentils, & non à celle des Juifs, d'où vient
que vous contraignez les Gentils de ju-
daïfer ? Ou ce qui eft le même, fi vous,
qui êtes Juifs, ne faites pas les œuvres
de la Loi que vous croyez ne pouvoir
juftifier l'homme, pourquoi en fei-
gnant de les faire, y portez - vous les
Gentils ? L'intention de Saint Paul, dans
cette conjonĉture, n'étoit pas certainement, comme on peut le voir par la
fuite du fecond Chapitre, verfet dix-
feptieme de fon Epitre aux Galates, de
condamner, fur-tout dans les Juifs, la
pratique de la Loi ancienne, autorifée
par le Sauveur lui-même; il prétendoit
feulement empêcher qu'on n'en fit une
obligation à ces nouveaux convertis,
qu'ils ne fuffent affez foibles pour s'y
foumettre; qu'on ne la regardât comme
néceffaire, ou utile même au falut. Il
vouloit enfeigner, que c'étoit par la
foi feule en Jefus-Chrift, par fa Grace,
par la Charité, par la Pénitence, par

le Baptême qu'on pouvoit entrer dans le Royaume de Dieu.

Plusieurs d'entre les Juifs devenus Chrétiens, toujours zèlés pour la Loi de Moyse, qu'ignoroient tous ces justes & vrais motifs de la courageuse résistance de l'Apôtre, en inférérent qu'il détournoit ceux de leur frere, qui étoient avec les Gentils, des observances cérémonielles ; ils s'en plaignirent à Jacques & aux autres Prêtres assemblés. Saint Paul pour les détromper, saisit l'occasion de quatre hommes qui avoient fait un vœu, & fut le lendemain avec eux se purifier dans le Temple.

Les Juifs en prirent occasion de le persécuter, & de lui imputer plusieurs choses fausses ; il crut ne devoir répondre à toutes ces calomnieuses accusations, que par une ironie. Il dit à ses Juges qu'il étoit innocent de tout ce dont on l'accusoit ; qu'il avoit comparu devant le Sanhedrin à Jérusalem, qu'il n'y avoit rien déclaré ; dont on pût lui faire un crime, si ce n'étoit qu'on

qu'on voulut lui en faire un de cette parole qu'il y avoit dite hautement : c'eſt
à cauſe de la réſurrection des morts que
vous me condamnez aujourd'hui. Il in-
ſinuoit par cette raillerie fine , qu'A-
nanie & les autres Sénateurs , tous Saducéens qui ne la croyoient pas ,
avoient eu pour ce ſujet ; quelques
jours auparavant , un grand débat avec
les Phariſiens leurs adverſaires , & faiſoit entendre avec aſſez de raiſon , à
Félix & à Lyſias , quoiqu'il n'en fut
pas queſtion dans les dépoſitions des
Juifs Phariſiens & Saducéens, que c'é-
toit pour cela même que ces derniers
le pourſuivoient avec tant d'acharnement & de fureur:

Il eut raiſon auſſi d'écrire aux Corinthiens, qu'il ne pardonneroit pas à
ceux qui avoient péché auparavant, ni
à tous les autres: Cet Apôtre , comme on peut le voir par les paroles de
ſa ſeconde Epitre à ces peuples , (b)

(b) Ch. 12. v. 14. 20. ch. 13. v. 1. 2.

L

avoit déjà fait deux fois le voyage de
Corinthe. Il avoit vu toujours les habitans de cette Ville , livrés aux plus
grands défordres , buvans fans remords
l'iniquité comme l'eau ; il fe fouve-
noit de leur opiniâtre réfiftance à tous
les avis falutaires qu'il s'efforçoit alors
de leur donner. Il craint que malgré
fes exhortations & fes menaces réité-
rées , ils ne foient encore auffi criminels ; il les avertit avec force qu'il eft
prêt à aller les voir une troifieme fois ;
que s'il ne les trouve pas corrigés , tout
fe jugera fur le témoignage de deux ou
trois témoins ; qu'il ne fera grace à aucun des coupables ; qu'il ne pardonne-
ra ni à ceux qui avoient péché auparavant , ni à tous les autres pécheurs attachés à leurs déréglemens. Il n'y a rien
dans tout cela qui ne foit dans l'ordre de
la charité , & de la fageffe. Jefus-Chrift
lui-même chez Saint Matthieu (c) prefcrit cette regle de conduite à fes Mi-

(c) S. Matth. ch. 18. v. 15. 16. 17.

(183)

niſtres. Il veut qu'on reprenne ſon frere qui eſt coupable, trois fois, en particulier , en preſence de deux où trois
témoins, devant l'Egliſe , avant de le
traiter comme un Païen & un Publicain.

Saint Paul fit bien auſſi d'écrire aux
mêmes Peuples : N'avons-nous pas le
droit de vivre à vos dépens , & de mener avec nous une femme ? On ne doit
pas juger de l'eſprit du neuvieme Chapitre de la premiere Epitre de cet Apôtre aux Corinthiens, par le quatrieme
& le cinquieme verſet qui en ſont dé-
tachés à deſſein ; on ne peut bien le
connoître qu'en examinant avec attention, quels ont été dans ce Chapitre,
& même dans le précédent , (d) les
motifs & l'objet de l'Apôtre. Il paroît
qu'il avoit été conſulté par les principaux de ces Peuples attachés à l'Egliſe
de Corinthe , ſur le ſujet des viandes

(d) Et ſi l'on veut dans le douzieme Chapitre de la ſeconde Epitre de Saint Paul aux Corinthiens ; v. 14 ; 15 ; 16 ; 17 , 18.

immolées aux Idoles , & sur l'assistance
aux festins des Gentils. Il leur dit qu'à
la vérité l'idole n'étoit rien, que la vian-
de qui lui a été offerte , n'en n'avoit
contracté ni souillure , ni consécration ;
que toutefois on n'en devoit jamais user
si les foibles s'en scandalisoient , ou si
les Païens s'en prévaloient ; que si lui
qui étoit Apôtre , & qui en cette qualité , étoit autorisé par la Loi de Moyse,
par les paroles de Jesus - Christ , par
l'exemple de ceux à qui il étoit associé
dans l'Apostolat à se nourrir à leurs
dépens , & à mener avec lui une femme qui est sa sœur *en Jesus - Christ* ,
avoit mieux aimé se réduire à vivre du
travail de ses mains ; s'il ne leur avoit
jamais été à charge ; s'il avoit souffert
au contraire , toutes sortes d'incommo-
dités pour n'apporter aucun obstacle à
l'Evangile de Jesus-Christ ; qu'eux , à
plus forte raison , devoient s'abstenir
de manger des viandes immolées aux
Idoles. Tout Lecteur qui réfléchira un
peu , doit découvrir à la premiere lec-

ture des Chapitres fufdits, ce vrai fens des deux verfets que le Contradicteur met en queftion. On ne peut pas croire, fans commettre la judiciaire d'un des premiers génies de l'Europe, qu'il lui auroit échapé ; il vouloit aparemment par-là, rendre fufpects à ceux qui fe font un devoir de le croire fur fa parole, le défintéreffement & la chafteté de l'Apôtre.

Son raviffement au troifieme Ciel, & le troifieme Ciel lui-même font auffi pour cette fois à jufte titre, pour le critique deux chofes très - obfcures. Il voudroit être inftruit de la nature de l'une & de l'autre ; favoir ce que l'on entend par raviffement de Saint Paul au troifieme Ciel ; & qu'eft-ce qu'un troifieme Ciel ? Les Hébreux ne diftinguoient pas dans le Ciel différens cercles, à la maniere des Aftronomes Grecs. Ils ne connoiffoient que trois Cieux : le Ciel aérien, où font les nues, où les oifeaux volent, & où fe forment les pluyes : le Ciel où font les Aftres : le Ciel où font les

Anges, & Dieu même. Le premier eſt apellé dans l'Ecriture ſimplement le Ciel. Le ſecond, le Firmament ; & le troiſieme, le Ciel des Cieux, ou le Paradis, qui eſt le ſéjour éternel de l'Etre ſuprême, le Royaume de tous les bénits du Pere, (e) la gloire ineffable des Eſprits céleſtes, la demeure ou maiſon à pluſieurs places pour toutes les ames juſtes (f) dans laquelle l'Apôtre fut ravi ; (g) il n'a pu lui-même nous déclarer ſi ce fut avec ſon corps ou ſans ſon corps, de maniere que ſon ame en ait été entiérement ſéparée par une abſence réelle, & comme par une mort paſſagere, ou en corps & en ame, ou enfin par une ſimple extaſe dans laquelle il auroit été élevé au-deſſus des ſens, & de toutes les choſes ſenſibles & corporelles. Dieu ſeul le ſait ; il y auroit de la témérité à vouloir décider ce qu'il

(e) S. Matth. ch. 25. v. 34.
(f) S. Jean, ch. 14. v. 2.
(g) Seconde Epitre de Saint Paul aux Corinthiens, ch. 12. v. 2. 3. 4.

a voulu abfolument que nous ignoraf-
fions.

Il paroît plus facile de dire, & de
prouver même que Saint Paul fit bien
de circoncire fon difciple Timothée
après avoir écrit aux Galates : fi vous
vous faites circoncire , Jefus-Chrift ne
vous fervira de rien. Pour pouvoir juger fainement de certaines actions , je
penfe qu'il faut , avant toute chofe ,
bien en étudier les motifs , l'objet ,
le tems , les lieux , les circonftan-
ces. Les Galates étoient un Peuple
de l'Afie mineure , qui ne connoiffoit
point Dieu , & étoit affujetti à ceux
qui n'étoient point véritablement Dieux.
(h) Ils avoient été depuis peu convertis par l'Apôtre à la Foi de Jefus-Chrift ;
jouiffoient à peine de ce précieux avan-
tage , qu'ils virent paroître au milieu
de faux Docteurs. (i) Ces hommes ennemis de toute paix & vérité les fédui-

(h) Epître de Saint Paul , aux Galates , ch. 4.
v. 8.
(i) Idem. v. 17.

firent , remarque S. Auguſtin, (*l*) &
leur perſuadérent que l'Evangile ne les
ſauveroit pas , à moins qu'ils ne ſe fiſ-
ſent circoncire, & qu'ils ne ſe ſoumiſ-
ſent à toutes les autres pratiques de la
Loi. Déjà ils en faiſoient les œuvres ,
& ils obſervoient , comme les Juifs,
les jours & les mois , les ſaiſons & les
années. (*m*) Quand Saint Paul fut inſ-
truit de ce changement ſubit dans ſa
doctrine , il leur écrivit qu'il apréhen-
doit d'avoir peut-être travaillé en vain
parmi eux ; qu'il y avoient des perſon-
nes qui feignoient de leur être attachés
pour ſe les attacher, & les ſéparer de lui ;
qu'ils devoient demeurer fermes dans
cette liberté que Jeſus-Chriſt leur avoit
acquiſe , & ne point ſe remettre de
nouveau ſous le joug de la ſervitude ;
qu'il les aſſuroit , lui Paul, que s'ils ſe

(*l*) S. Epiphane Héreſ. 28. & Philaſtre Héreſ.
ch. 36. diſent que les diſciples de Cerinthe , furent les Auteurs de tous les troubles qui arrivérent ici au ſujet de la Circonciſion.
(*m*) Epitre de Saint Paul , aux Galates , ch
4. v. 9. 10.

faiſoient circoncire , Jeſus-Chriſt ne leur
ſerviroit de rien ; que tout homme qui
le feroit , feroit obligé de garder toute
la Loi ; que s'ils vouloient être juſti-
fiés par elle , ils n'auroient plus de part
à Jeſus-Chriſt , & feroient déchus de ſa
grace. (n) Toutes ces choſes , & tant
d'autres de la plus ardente charité , que
je paſſe , & qu'il feroit trop long de
raporter ici , prouvent invinciblement
que l'Apôtre ne défendit abſolument
aux Galates la Circonciſion, & toutes
les obſervations de la Loi de Moyſe ,
que parce qu'il craignoit que ces Peuples ne les cruſſent d'une néceſſité auſſi
grande pour ſa juſtification que le Baptême , & la pratique des maximes
de l'Evangile ; & qu'ils ne négligeaſſent
par-là peu à peu les œuvres de celui-
ci pour faire les actions de celle-là. En
Jeſus-Chriſt la Circonciſion & l'Incir-
conciſion , ſelon lui , ne ſervent de
rien , *& ne font rien quand on n'en
abuſe pas dans la créance,* mais la Foi

(n) Id. v. 11. 17. & ch. 5. v. 2. 3.3. 4.

qui est animée de la Charité. (o)

Il fit circoncire son disciple Timothée, parce que les freres qui étoient
à Lystre & à Icone, lui en rendirent
un témoignage avantageux, (p) &
qu'il connoissoit la sagesse de ses sentimens, & leur conformité avec ceux
des Apôtres ; parce qu'il étoit persua-
dé que les Juifs de ces lieux-là n'ignoroient pas que son pere étoit Gentil,
quoique d'une mere Juive, (q) & que
d'ailleurs ils n'en tireroient pas, comme
auroient pu faire en cas pareil les Gentils régénérés, des conséquences fauf-
ses ; parce qu'il savoit que la délicatesse
de la plupart des Hébreux convertis
nouvellement, étoit telle qu'ils n'auroient pas voulu avoir de commerce avec
un incirconcis, & qu'ils ne lui auroient
pas permis de paroître, beaucoup moins
de parler dans leurs Synagogues ; parce qu'il vouloit ôter à ces circoncis fidèles, tout prétexte de s'éloigner de lui,

(o) Ep. de S. Paul, aux Gal. ch. 5. v. 6.
(p) Act. ch. 16. v. 2.
(q) Id. v. 3.

de refuſer de l'écouter , de converſer
avec lui ; parce qu'il voyoit que l'uti-
lité de la Religion & de la Foi l'exi-
geoit alors ; Juif avec les Juifs pour les
gagner tous , (r) & détruire plus fa-
çilement la ſervitude de la Loi ; parce
que , comme le croit Saint Chryſoſtome , il en avoit reçu un ordre exprès
de Dieu , dans le tems même qu'il lui
avoit ordonné de le prendre pour ſe
l'aſſocier dans la prédication de l'Evangile. (ſ) J'ajouterai à toutes ces raiſons
pour achever de faire connoître ici , la
façon de penſer de l'Apôtre , que Saint
Paul ne fit pas circoncire Tite à Jéruſalem pour montrer , contre le ſentiment des Juifs faux freres , qui s'étoient
introduits par ſurpriſe dans l'Egliſe , (t)
que la Circoncision n'étoit pas néceſſaire , & qu'il fit circoncire Timothée
à Icone , pour faire voir à tous , aux Circoncis & aux Incirconcis Chrétiens ,

(r) I. Epit. de S. Paul , aux Cor. ch. 9. v. 20,
21. 22. 23.
(ſ) S. Chryſoſt. Hom. 5. in I. Timoth.
(t.) Epit. de S. Paul , aux Gal. ch. 2. v. 3. 4. ſ8

Fidèles & Infidèles, que cette cérémonie n'étoit pas mauvaife en elle-même,
& qu'on pouvoit fans crime la pratiquer jufqu'à ce que le tems l'eût aboli
peu à peu.

Elle ne tire pas fon origine chez ces
Peuples, comme le prétend le Contradicteur, des coutumes & des ufages
Egyptiens. On ne peut bien juger de
la vérité de ce trait hiftorique de l'Antiquité la plus reculée, qu'en recher-
chant foigneufement quels ont été les
Auteurs profonds en ce genre d'é-
rudition qui ont écrit fur cette matiere. L'autorité d'Hérodote, au raport
de Manethon & de Diodore de Sici-
cile, ne peut être ici d'aucun poids.
(*) Ces deux Ecrivains, dont l'un
Egyptien & l'autre Grec, l'accufent
d'avoir avancé fouvent des fauffetés
faute de favoir les Antiquités Egyptien-
nes. Ce qu'il raporte des Colchidiens,
des Egyptiens, des Ethiopiens qui,

(*) Diod. lib. 1.

felon lui , font les feuls qui fe font circoncire de tout tems , juftifie cette im-
putation. Il ne paroît pas naturel que
trois Nations, dont une qui eft la Colchi-
dienne , éloignée des deux autres de plus
de 350 lieuës , fe foient avifées enfemble , *dès le commencement* , par le feul
motif d'une propreté prétendue , d'u-
ne cérémonie auffi finguliere , auffi dou-
loureufe & humiliante. L'âge pour cela
étoit de quatorze ans accomplis dans les
jeunes gens. J'aime mieux croire ce
que dit fur ce fujet Artapane , cité dans
Eufébe , (*b*) que les Ethiopiens & les
Prêtres de l'Egypte reçurent la Circoncifion de Moyfe , (c) & qu'ils purent

(*b*) Eufeb. Prép. l. 9. ch. 11.
(*c*) Ceux qui penfent que les Egyptiens reçurent la Circoncifion des Peres même de ce
faint Légiflateur ; mais que dans la fuite le Roi
& le Peuple purent fouvent interrompre cette
cérémonie religieufe , fondent leur fentiment
fur la haute eftime que le Pharaon d'Egypte &
fes Sujets conçurent pour Jacob & fa Famille ,
par le fouvenir des fervices importans que Jofeph avoit rendu à tout le Royaume ; fur le
grand refpect après cela, que l'Egypte , & fur-

par fucceffion de tems , la communi-
quer aux Egyptiens, aux Colchidiens ;
aux Syriens, qui habitent fur les riva-
ges des fleuves Thermodoon & Par-
thénius , aux Macrons leurs voifins ;
aux Arabes , à quelqu'un même des
Philofophes de la Grece, à Pythagore.
Ce qui s'accorde affez, au moins quant
à fon époque parmi les Egyptiens feulement, avec plufieurs des textes de l'E-
criture.

Quand ce faint Légiflateur prefcrit les
conditions fous lefquelles les Etrangers
pouvoient être admis aux cérémonies,
& participer aux prérogatives du Peuple de Dieu, il ne manque pas d'ordonner avant tout, que ces hommes ;
fans en excepter les Egyptiens, feront
circoncis. La feule grace qu'il fait à ces

tout fes Prêtres, dûrent avoir pour la Religion
& le Dieu des Hébreux ; fur l'autorité de l'E-
criture , qui fixe l'époque de la circoncifion chez
ce Peuple choifi aux jours d'Abraham ; les Egyptiens , difent-ils , n'ont aucun Livre au moins
authentique qui leur affure une poffeffion auffi
l'ancienne de cette pratique.

anciens hôtes de Jacob & de sa famille
est, qu'en reconnoissance de ce que
les Israélites avoient été étrangers dans
leur Pays, leurs enfans, (bien entendu qu'ils imiteront ici la soumission de
leurs Peres,) pourront à la troisieme
génération entrer dans l'assemblée du
Seigneur. (d) Jérémie, dans ses Prophéties au Peuple Juif, (e) distingue
clairement les Egyptiens d'avec les Hébreux par la Circoncision que ceux-ci
recevoient, & que les autres n'avoient
pas. Ezéchiel les met au rang des Ty-
riens & Sidoniens incirconcis ; il dit
de la part de Dieu au Roi d'Assyrie,
qu'il descendra au fond de la Terre &
dans l'Enfer, qu'il y reposera avec les
Incirconcis qui ont été mis à mort par
l'épée ; qu'il y aura pour compagnon
Pharaon & toutes ses troupes. (f) Le
même Prophete menace le Roi d'E-
gypte & ses Sujets de les faire descen-
dre dans l'Enfer avec les autres Pe-

(d) Deut. ch. 23. v. 7. 8. 9.
(e) Jérém. ch. 9. v. 25. 26.
(f) Ezéch. 32. v. 18.

ples incirconcis , comme Assur , Elam ,
Mosoch & Thubal. (g)

Moyse que nous disons ici avec quelque fondement , l'Auteur de la Circoncision dans l'Egypte , l'avoit eu
d'Amram ; Amram , de Caath ; Caath ,
de Levi , dont le mépris & celui de
ses freres pour les Incirconcis avoient
éclaté si fort , long-tems auparavant
dans leur constant refus d'allier Dina
leur sœur avec Sichem ; Lévi l'avoit
reçu de Jacob , Jacob d'Isaac ; Isaac
d'Abraham ; Abraham de Dieu lui-
même , qui après avoir éprouvé sa foi
& son obéissance , la lui donna pour
marque de son alliance avec lui & sa pos-
térité. On ne peut pas penser que la
divine Sagesse dont le dessein principal
dans cette institution , étoit de distinguer la race de ce saint Patriarche des
Nations étrangéres, ait voulu agir di-
rectement contre ses vues propres, &
employer un signe qui auroit été en
usage alors chez les Peuples voisins

(g) Ezech. ch. 32. v. 19. 21, 22. & seq.

avec

avec lesquels , sur-tout , les Hébreux devoient vivre pendant un si long-tems.

On ne trouve nulle part dans l'Ecriture , que ces Peuples aient cessé de circoncire en Egypte. Ceux d'entre les Rabbins qui l'ont dit , l'ont avancé sans raison. On voit le contraire dans le cinquieme Chapitre de Josué : on y lit que tous les mâles des Hébreux sortis de ce Royaume , en âge de porter les armes , & qui étoient morts dans le désert pendant ces longs circuits de chemin qu'ils y firent, avoient tous été circoncis. L'Ecrivain sacré s'attache exprès à raporter ce fait , pour avoir moyen de rendre raison de la cessation de cette religieuse pratique parmi les Hébreux, cessation inouïe jusqu'alors. Depuis leur révolte , continue-t-il ; contre le Seigneur; au sujet du raport des espions à Cadesbarné , ils ne reçurent plus la Circoncision. Dieu les priva de cette marque de son alliance dont ils s'étoient rendus indignes , & à laquelle

en quelque forte ils avoient renoncé
par leurs murmures. Après la mort de
ces hommes indociles qui avoient refu-
fé d'écouter ſa voix, arrivés dans la
Terre promiſe, au milieu des Chananéens, le Seigneur ordonna qu'on cir-
concît tous ceux qui étoient nés dans
le déſert; après quoi il dit à Joſué leur
conducteur : *HODIE ABSTULI OPPRO-
BRIUM ÆGYPTI A VOBIS.* J'AI ÔTÉ
AUJOURD'HUI DE DESSUS VOUS,
L'OPROBRE DE L'EGYPTE. Comme
s'il leur eût dit : j'ai éloigné de vous
ce qui vous rendoit ſemblables aux
Egyptiens, & ce qui étoit pour vous
un ſujet d'oprobre & de honte. Toute
autre traduction & interprétation qui
ne conſervent pas ce ſens, qui eſt le
naturel, ſont vicieuſes; (*h*) & ne ſont

____

(*h*) Le Contradicteur, qui admet ici les paroles de l'Ecriture, traduit : Je vous ai délivré de ce qui faiſoit votre oprobre chez les
Egyptiens. Or, continue-t-il, quel pouvoit
être cet oprobre pour des gens qui ſe trouvoient
entre les peuples de Phénicie, les Arabes &
les Egyptiens, ſi ce n'eſt ce qui les rendoit mê-

faites que pour pouvoir abufer des paroles de l'Ecriture. Elles ne peuvent
abfolument s'expliquer ici que par ce
qui précéde. Ce font des enfans, comme l'on peut voir, des Peres circoncis
dans l'Egypte; mais, dans le défert, rebelles au Seigneur , qui , pour expier
cette rebellion , étoient condamnés à
refter incirconcis jufqu'après la mort de
leurs peres, à qui Dieu dit, après leur
circoncifion, je vous ai délivré aujour-

prifables à ces trois Nations ? Comment leur ôte-
t-on cet oprobre ? En leur ôtant un peu de pré-
puce.

Il feint d'ignorer que les Egyptiens n'ont jamais été circoncis univerfellement ; qu'ils n'ont
jamais regardé avec mépris ceux qui ne l'étoient
pas ; qu'ils ne furent jamais engagés par devoir
ou par quelques loix à recevoir cette marque
fur eux-mêmes ; qu'ils ne l'ont jamais confi-
dérée que comme une pratique affez indifférente pour tout le Peuple, & qui n'étoit tout au
plus d'obligation que pour certains Prêtres ;
encore, quand le devint-elle ? Avant les tems où
Pythagore voyagea dans l'Egypte ? Cela peut
être. Et ces tems remontront-ils jufqu'à ceux
qui précédérent l'arrivée du Patriarche Jofeph
dans ce Royaume ? Qui le montrera ?

d'hui de ce qui vous confondoit avec les Peuples impurs de l'Egypte.

Il n'eſt point dans le monde de Livres auſſi anciens que ceux de Moyſe & de Joſué. Les Hébreux, de qui les Chrétiens les ont reçu, en ſont en poſſeſſion depuis plus de trois mille deux cens cinquante ans : on y lit qu'Abraham a reçu la Circonciſion immédiatement de Dieu : (i) On y remarque les ſolides raiſons de cet établiſſement, & dans le Seigneur qui l'ordonne, & dans le ſaint Patriarche qui la reçoit ; on l'y voit continuée dans l'Egypte, interrompue pendant quarante ans dans le déſert, repriſe dans la terre de Chanaan. Sur la foi de quel Auteur le Critique inſinue - t - il, parce qu'Abraham fut contraint par une néceſſité indiſpenſable de voyager dans le premier de ces Pays qui étoit déjà, ſelon lui, un Royaume floriſſant, (l) gouverné par un puiſ-

____

(i) Gen. ch. 17. v. 10. 11. 12. 13. 14.

(l) Ce Royaume ſi floriſſant, ſelon ce Critique, au tems d'Abraham, n'avoit encore,

fant Roi, où la Circoncifion pouvoit
être en ufage; fur quelle autorité, dis-

felon toutes les aparences, tout au plus que
des loix arbitraires. On ne voit pas qu'il en ait
eu d'autres au tems de Jofeph, long-tems même
après Moyfe, & la fortie des Enfans d'Ifraël
hors de l'Egypte. Qu'il nous produife un mo-
nument certain, & d'une antiquité auffi fûre
que celle de Moyfe, par où il paroiffe qu'a-
vant Moyfe, l'Egypte avoit des Loix écrites ;
qu'il nous faffe voir par quelque témoignage
authentique, que le prétendu Hermes ou Mercu-
re Trimégifte, qui paffe pour le premier Légiflateur de cette Nation, vivoit avant le Légiflateur Juif. On fait dans quelle obfcurité fabu-
leufe fe perd l'ancienne Hiftoire des Egyptiens.
Quelle créance méritent les oui-dire d'Hérodote,
& les Ecrits de cette foule d'Ecrivains qui l'ont
coj   Il eft conftant que le premier Légiflateur
qui fut connu en Grece, étoit Minos : Mais
Minos, comme il paroît par les marbres d'Arun-
del, n'a fleuri qu'en 1432 ans avant Jefus-Chrift,
par conféquent plus de foixante ans après la
Loi publiée fur le Sinaï. Après cette publica-
tion les Hébreux reçurent de Moyfe ces fages
Loix qu'on nomme civiles, judicielles & cérémonielles ; devenus paifibles poffeffeurs de la
terre de Chanaan, ces Loix intéreffèrent par
leur fageffe les Peuples voifins. Ils voulurent
tous en avoir de femblables ; de proche en proche elles s'accréditerent, & paffèrent aux Egyp-

je , veut-il faire entendre qu'il pût recevoir cette coutume des Egyptiens ?
Mais qu'il ne la communiqua pas à sa
race ; & que celle-ci ne la pratiqua que
du tems de Josué.

On convient que plusieurs de cette pos-
térité favorisée , prirent durant leur long
séjour dans l'Egypte , beaucoup d'usages
des Peuples de ce Royaume ; mais on
ne peut pas en inférer qu'ils en ont imité
la Circoncision ; ils l'ont eue, comme il
a déjà été dit ci-dessus , de Dieu lui-
même , pour être le caractere de son
Peuple choisi , le sceau de son alliance
qui devoit les distinguer des autres Nations , la marque de leur gloire, & de l'o-
probre des Egyptiens , des Phéniciens,
des Ethiopiens, des Arabes , des Colchidiens , des Chananéens.

Les objections de ce dernier article

tiens. Delà dans l'Egypte , les Loix fondamen-
tales de l'Etat, les judicieuses Loix du Gouvernement , de la Religion , les Initiés , les Mys-
téres , les religieuses cérémonies, la pratique de
circoncire.

que je viens de combattre, furent faites jadis par Celse & Julien. (*m*) L'objet de ces deux Critiques étoit de tra-
duire le Judaïsme en ridicule, & de
rendre la Religion de Jesus-Christ mé-
prisable. L'intention du Sophiste de nos
jours, qui les rapelle sous une forme
nouvelle également captieuse, ne semble guére plus droite. Je ne comprends
pas comment un homme d'honneur &
d'esprit, peut à dessein, faire presque
toujours des raisonnemens faux; (*n*
sa situation & ses dispositions me tou-

(*m*) *Cel. apud Origen. L. 1. 5. contra Celsum*
Apud Cyrill. L. 10. contra Juli.

(*n*) Tous les Ouvrages contraires à la Religion Chrétienne, sont remplis de semblables
raisonnemens; rien ne prouve plus sa vérité.
Le Défenseur des Pensées de M. Paschal, a déjà
été forcé dans sa Défense, de faire ce reproche, mais d'une maniere plus vive, au critique de cet Auteur. Jean-Jacques Rousseau con-
noisseur sur-tout en cette matiere, a dit aussi
à ce sujet dans le premier Livre de son Emile,
ou Traité de l'Education, à tous les prétendus
Sceptiques de nos jours, des choses qui auroient
bien dû, s'il leur restoit encore de la pudeur,
les engager à changer leur méthode d'écrire.

çhent. Je desirerois de tout mon cœur, pouvoir lui faire prendre d'autres sentimens ; je vais encore essayer pendant quelque tems, de le rapeller, s'il est possible, à l'amour du vrai ; je parcours à présent tous les Chapitres du Dictionnaire Philosophique, & je reprends toutes les propositions hétérodoxes qui y sont répandues çà & là, afin, si je puis, de n'en laisser aucune sans réponse, & de remplir avec exactitude tout l'objet que j'ai eu en vue d'abord.

Tous les siecles produisirent des hommes téméraires ; il ne paroît pas raisonnable de faire gloire d'en raporter les extravagances & les impiétés. Je n'en inférerai pas néanmoins que celui qui le fait, les adopte toujours ; je dis seulement qu'il travaille au moins à éterniser des choses qui devroient être ensévelies dans un oubli éternel. Quand Jesus-Christ dit à Pierre : * Tu es Pierre, ET SUR CETTE PIERRE JE BATIRAI MON EGLISE; il l'assuroit qu'il seroit le chef & le

* Voyez le ch. Pierre du Dict. Philosoph.

fondement vifible de l'Eglife , dont lui-même étoit le Chef & le Fondement invifible. Cette traduction : TU ES PIERRE, ET SUR CETTE PIERRE , &c. eft d'après la Verfion latine dans laquelle *Petrus & Petra* fignifient deux chofes diftinctes ; dans la Langue Syriaque ; qui eft celle que Jefus-Chrift parloit, où il n'y a point comme en Latin, de difference de genre ; on ne peut y diftinguer *Petrus* Chef des Apôtres , de *Petra* fur lequel l'Eglife eft fondée : Ces deux mots font fynonymes , & ont une même fignification.

Supofons , pour un moment , qu'il n'y ait point encore d'Enfer produit , que Dieu feulement ait réfolu dans fes Décrets éternels, d'en former un dans telle ou telle circonftance prévue ; que ce moment foit arrivé , qu'il aparoiffe à Pyrrhetaire , & qu'il lui dife : tu es Pyrrhetaire , & fur ce Pyrrhetaire je bâtirai mon Enfer. Pyrrhetaire diroit-il ces paroles du Tout-Puiffant, un jeu de mots , une pointe extraordinaire , un quolibet ? Les hommes font bien fous de vouloir toujours s'attacher à combattre ce qu'ils ne comprennent pas , ou plutôt ce qu'ils voient ne pouvoir s'accorder avec leurs fauffes opinions ; & de le faire , fur-tout , en termes bas & injurieux à la Divinité.

J'ai dit ailleurs que Saint Pierre & Saint Jacques avoient établi leur fiege, le premier à Antioche , enfuite à Rome ; le fecond à Jérufalem , & qu'ils étoient tous les deux morts Evêques de ces Eglifes. L'opinion nouvellement hafardée de quelques Particuliers ifolés & de mauvaife humeur , ne fauroit prefcrire contre le témoignage conftant d'une Tradition de plus de dix - fept fiecles.

Saint Pierre ne commença pas fon Apoftolat par renier Jefus - Chrift ; quand il renia , il n'étoit encore que Difciple ; il ne fut fait Apôtre qu'au moment qu'il reçut le Saint Efprit, avec le pouvoir d'enfeigner toutes les Nations.

Aaron aussi premier Pontife des Hébreux, ne commença pas son ministere par faire un Veau d'or , & l'adorer. Il avoit reçu cette dignité avant la construction de cette Idole , (*a*) & l'Ecriture qui raporte ici tout au long , les actions de sa fausse prudence , ne dit rien de son infidélité (*b*)

* On peut bien dire , sur - tout , après ce qui a déjà été raporté de l'antiquité authentique des Livres des Hébreux , après ce qu'en a écrit Eusebe dans l'onzieme & le douzieme Livre de la Préparation évangélique , (*c*) que tout ce que les Grecs & les autres Nations païennes ont jamais eu de bon dans leur Théologie , ils l'ont tiré des Livres de ces Peuples. Ce que Platon , Numenius ont dit de Dieu , de son existence , de sa bonté infinie ;

* Voyez le ch. Religion

(*a*) Exod. ch. 16. v. 33. 34. 35. & ch. 19. v. 22. 24.

(*b*) Id. ch. 32.

(*c*) Ch. 9. 10. 11. 12. 13. 14. 15. 16. 17. 18. 19.

ce qu'ils ont dit ainfi que Plotin, Amelius, de la feconde Perfonne de la Trinité ; ce que Platon & Porphyre ont dit de l'immortalité de l'ame ; ce que Platon & Thalés ont dit du commencement du Monde, des aftres qui avoient été placés dans le Firmament, de la perfection des Ouvrages du Créateur : Moyfe l'avoit dit avant eux. L'Hiftoire de la création du Monde faite par les Indiens, felon Megafthene, cité par Strabon & Clément d'Alexandrie ; par les Egyptiens, felon Diogene de Laerte & Diodore de Sicile, a été imitée de l'Hiftoire Sainte. L'abyme dont il eft parlé au commencement de la Genefe, & le débrouillement que Dieu en fit, ont été fuivis par Thalés, Anaxagore, Linus, Héfiode, Apollonius, Epicharme, Ariftophane, dans les Hymnes qui portent le nom d'Orphée, par Ovide. Ce qui eft raporté dans le même Livre, de l'homme que Dieu créa à fon image, qui avoit été formé de la boue, qui devoit commander à tous les animaux , & retourner en poudre , a été copié par Euryfus Philofophe Pythagoricien , par Homere , par Euripide , par Ovide , par Hefiode , par Callimaque , par Cenforin , par Horace , par Virgile , par Juvénal , par Martial , par Ciceron , par Salufte , par Pline. Le Platonifme ne peut donc avoir aidé la Religion Chrétienne à l'intelligence de fes dogmes , elle ne l'a pas puifée dans cette fource. L'Ecriture , la Tradition , l'affiftance qui lui a été promife de l'Efprit - Saint , lui ont en cela fervi de guides infaillibles.

* Salomon a pu être auffi riche que l'Ecriture le dit , elle n'affure pas que le Melk David fon pere , lui laiffa environ vingt milliards de notre monnoie au cours de ce jour , felon la fuputation la plus modefte : elle marque que David dans fa pauvreté , (*a*) avoit préparé dequoi fournir à la dépenfe du

* Voyez le ch. Salom.

(*a*) Paralip. ch. 22. v. 14.

bâtiment de la Maison du Seigneur ; savoir , cent mille talens d'or , & un mil-
lion de talens d'argent , &c. Le talent
d'or vaut soixante-neuf mille cinq cens
trente - une livres cinq sols de notre
monnoie , il pesoit quinze cens onces ;
ou cent vingt - cinq livres Romaines ,
& quatre-vingt-six livres quatorze onces
cinq gros de notre poids de marc. Le
talent d'argent valoit trois mille sicles ;
ou quatre mille huit cens soixante-sept
livres trois sols neuf deniers de notre
monnoie , du même poids que le talent
d'or. Ainsi David laissa , pour bâtir le
Temple , six milliards neuf cens cinquante - trois millions ; cent vingt-cinq
mille livres en or ; pesant douze millions cinq cens mille livres Romaines ,
à douze onces l'une ; ou neuf millions
trois cens soixante-quinze de nos livres ,
à seize onces l'une : & en argent , il
laissa quatre milliards huit cens soixante-
sept millions , cent quatre-vingt-sept
mille cinq cens livres de notre monnoie , pesant cent millions de livres Ro-

maines, ou nonante-trois millions sept cens
cinquante mille de nos livres de poids.
Il donna aussi pour revêtir les murailles
du Temple, trois mille talens d'or d'o-
phir, & sept mille talens d'argent ;
(b) les trois mille talens d'or font environ quatorze millions six cens un mille cinq cens soixante-deux livres & quelques sols ; & les sept mille talens d'argent valent trente-quatre mille livres &
soixante & dix livres & quelques sols.
Pourquoi ne pas raporter les choses
telles qu'on les voit écrites, & les exa-
gérer de plus d'un tiers de somme de
notre monnoie au cours de ce jour ?
Les trésors dont il s'agit, font déjà
assez grands par eux-mêmes, & bien
propres à nous causer de l'admiration ;
toutefois nous ne devons pas comparer les richesses présentes de notre Europe avec les richesses de l'Asie dans
ces tems-là. Cette partie du monde
jouissoit alors des riches mines d'or du

(b) Paralip. ch. 29. v. 4.

fameux pays d'Ophir , & de l'or du
Phafe, fleuve, comme l'obferve l'Ecriture & toute l'Antiquité avec elle , rempli de ce précieux métal.

Il fe peut que les chevaux autrefois
très-communs dans le Pays qu'on nomme aujourd'hui la Paleftine , y foient
à préfent très-rares. Un Souverain qui
a des richeffes exceffives , & qui aime
la magnificence ; peut avoir des écu-
ries & des chevaux autant qu'il lui
plaît ; quatre cens douze mille ; ou
quatre-vingt-douze mille, font pour lui
la même chofe. Les Tributaires de Salomon étoient obligés tous les ans de
lui en amener un très-grand nombre ;
& il en faifoit encore acheter d'autres
à Coa & dans l'Egypte. (c) Ce Royaume pouvoit déjà faire commerce de
chevaux quand les Ifraélites en fortirent,
& que Pharaon les pourfuivit avec fes
chariots & fa cavalerie. Sefoftris mit
fur pied de grandes armées de gens de
cheval.

(c) L. 3. reg. ch. 10. v. 25. 28. 29.

cheval. Depuis que ce Prince & ſes
ſucceſſeurs eurent fait dans l'Egypte ce
grand nombre de canaux qu'on y voyoit,
les chevaux, remarque Hérodote, devinrent en quelque ſorte inutiles, &
l'on négligea d'en faire multiplier l'eſpece. Toutefois les Voyageurs modernes racontent que les chevaux de l'E-
gypte, ſont des plus beaux & des mieux
taillés, & que c'eſt ce qui engage le
Turc d'en empêcher le tranſport aux
Etrangers.

Le Cantique des Cantiques, la Sageſ-
ſe, les Proverbes, l'Eccléſiaſte, tous
ces Livres ne ſont pas reconnus parmi
nous pour divins, ſeulement parce
qu'ils ſont authentiques, mais parce
qu'ils portent par-tout l'empreinte de la
Divinité, & que par cette raiſon, ils
ſont mis au nombre des Livres que
nous diſons canoniques. Salomon, à
l'exception du Livre conteſté de la Sa-
geſſe, en eſt certainement l'Auteur.
Le Cantique des Cantiques, 1°, quoiqu'en diſe le Contradicteur, eſt ſon

ouvrage ; on y voit en plusieurs endroits son nom, sa qualité, son caractere ; il y est apellé Salomon, Roi pacifique. Il y invite les filles de Sion à venir le voir avec le diadême dont sa mere l'a couronné le jour de ses noces. Il y parle de son mariage avec la fille du Roi d'Egypte ; ce qui a fait nommer par plusieurs Auteurs, ce Livre mystérieux, un Epithalame, non toutefois à la maniere des Grecs & des Romains, où les filles de la noces célebrent les louanges des époux, & chantent le bonheur de leur mariage : ici l'époux & l'épouse parlent souvent seuls & sans témoins. Pour varier le sujet & les choses obligeantes qu'ils se disent l'un à l'autre, il a fallu feindre diverses circonstances, faire naître plusieurs rencontres, représenter l'époux & l'épouse sous différentes vues, & faisant divers personnages ; tantôt d'un Roi & d'une Reine ; tantôt d'un Berger & d'une Bergere ; tantôt d'un Homme & d'une Fille de la Campagne ; enfin, tan-

tôt feuls , & tantôt en compagnie.
Quelques Peres & quelques Commentateurs remplis du refpect qu'on doit
avoir pour les fens myftérieux & cachés de cet Ouvrage , ont dit qu'on
ne devoit pas y chercher de fens littéral & hiftorique, & qu'en vain on vouloit raporter au mariage temporel de
Salomon, avec une femme Egyptienne
ou Juive, ce qui n'étoit dit que de
l'alliance toute fpirituelle de J. C. avec
fon Eglife. On convient qu'il y auroit
de la témérité & même de l'impiété à
vouloir ici tout expliquer à la lettre ,
en excluant le fens fpirituel. Ce feroit
s'expofer au danger prefqu'inévitable
de fcandale ; & fe priver volontaire-
ment de tout le fruit qu'on doit tirer
de cette lecture : mais s'il y a moins
de danger dans l'opinion qui prend de
Jefus-Chrift à la lettre, tout ce qui eft
dit ici, que dans celle qui entend tout
de Salomon dans le même fens, je ne
croirai pas pour cela que le premier
fentiment foit abfolument affuré & fans

inconvénient. Dans l'ancienne Loi la réalité étoit presque toujours cachée sous les ombres de la figure. En plusieurs endroits, l'ancien Testament, & à plus forte raison le Cantique des Cantiques, sont une allégorie continuelle ; & cette allégorie a nécessairement double face ; la premiere étoit pour les Juifs charnels, & l'autre pour les spirituels ; la premiere regardoit un tems présent, & la seconde un tems futur ; celle-ci se bornoit à Jesus-Christ, celle-là avoit pour objet Salomon. Les Juifs spirituels expliquent le Cantique des Cantiques de l'amour du Seigneur envers la Synagogue ; les Chrétiens l'entendent du mariage de Jesus-Christ avec son Eglise. Cet Interprete fidèle des paroles dictées par l'Esprit-Saint, a toujours aprouvé ceux des Peres & des Commentateurs, qui, sans rejetter ici le sens littéral & historique, s'apliquent au spirituel, & s'élevent jusqu'à son divin Epoux.

Les textes que le Contradicteur cite ;

& qu'il en a extrait d'après Théodore de Mopfuefte & Grotius fes deux originaux , ont tous un fens fpirituel. Dans le premier , (*a*) la Synagogue que toutes les promeffes des Prophetes ne fatisfont pas , dont toutes les figures de la Loi ne rempliffent pas l'attente , tranfportée d'amour pour le Libérateur qu'on lui promettoit depuis tant de fiecles , demande au Dieu de fes Patriarches , qu'il le lui envoie ce Defiré de toutes les Nations , cet Epoux plein de bonté & de graces , de qui feul elle attend le foulagement de fon ardeur, & la fin de fes peines.

Dans le fecond , (*b*) l'Epoux doit refter dans le fein de fon Epoufe , comme un bouquet ou paquet de myrrhe. L'Hébreu, à la lettre lit, que le *paquet* de myrrhe paffera la nuit ou féjournera quelque tems dans le fein de l'Epoufe. Jefus-Chrift a demeuré dans le fein de la Sainte Vierge pendant neuf mois;

(*a*) Ch. 1. v. 1.
(*b*) Id. v. 12.

N 3

y a été comme un paquet ou bouquet de myrrhe, par la bonne odeur des vertus dont il venoit donner l'exemple.

Dans le troisieme, (c) l'époux compare l'ombilic de son épouse à une coupe faite au tour, toujours pleine de liqueur à boire, pour marquer le grand soin qu'on a eu à sa naissance, de la rendre bien conformée & bien propre; figure de la beauté de l'Eglise naissante, où par le baptême nous sommes lavés de toutes les souillures qui nous rendoient enfans de perdition, & nous sommes élevés à la qualité d'enfans de Dieu. Cette Epouse du Rédempteur, est une Epouse chaste & féconde, qui renferme dans son sein, le froment des Elus, qui sont les Sacremens : Ses deux mamelles sont les deux Testamens, sources de la doctrine & de l'instruction que son divin Epoux donne à ses enfans. Son nez semblable à la tour du Mont-Liban,

(c) Ch. 7. v. 2. 3. 4.

qui regarde Damas, font les Miniftres de l'Eglife , qui, dans l'adminiftration des chofes faintes, jugent entre le jufte & l'injufte, & font tout ce qui eft en leur pouvoir pour ne pas les donner aux chiens.

Dans le quatrieme : (*d*) l'Eglife chrétienne eft repréfentée dans fon commencement comme une Vierge encore jeune, qu'on n'auroit pas penfé , à en juger par fa foibleffe aparente , œvoir être l'Epoufe du Roi des Rois ; c'étoit un mur, mais fans tours & fans défenfe; c'étoit une porte , mais peu folide & mal garnie : Jefus-Chrift lui tient lieu de tout ; il lui donne des Prédicateurs, des Docteurs , des Martyrs, comme des tours & des remparts ; avec leur fecours , elle réfifte à toute la fureur de l'enfer, elle renverfe l'idolâtrie, triomphe de l'erreur, & étend fon empire & celui de fon Epoufe jufqu'aux extrêmités du monde.

(*d*) Id. v. 8, 9,

Dans le cinquieme , (c) les Filles de Jérusalem sont la figure de la Synagogue , qui se flattoit de sa blancheur, de ses priviléges , de sa Loi , de ses Pratiques saintes , de ses Ecritures , de la vraie Religion , ce qui lui enfloit le cœur , & lui donnoit du mépris pour les Gentils , Peuples étrangers , sans lumieres & sans connoissance ; mais depuis que le Sauveur a daigné jetter les yeux sur la Gentilité , & qu'il l'a reçue pour son Epouse , elle se vante d'être plus belle que sa rivale , & de mériter par son attachement , par son amour, & par sa fidélité , les faveurs & les bonnes graces de son Epoux.

Les peaux de Salomon qui servoient à ses tentes , étoient noires ; mais elles étoient au-dedans d'une magnifiçence qui supléoit à ce qui leur manquoit au dehors dans la couleur ; l'or , la soie, l'azur y brilloient de toute part. Les Voyageurs qui nous dépeignent les ten-

(c) Ch. 2. v. 4.

tes des Rois d'Orient, celles de leurs Vifirs, & de leurs Généraux, nous en parlent avec admiration : nos Palais les plus vaftes & les plus magnifiques, n'ont rien qui furpaffe ces tentes ; anciennement elles étoient de peaux. Tite-Live , parlant d'une Campagne qui dura tout l'hiver , dit qu'on paffa cette faifon fous les peaux. (f) Le Tabernacle du Seigneur dreffé dans le defert , étoit couvert de peaux au - dehors , & tapiffé au-dedans de voiles précieux. (g)

2°. La Sageffe que plufieurs d'entre les Savans croient ne point être de Salomon, n'eft point de ces Livres de l'Ecriture qui ont toujours été reçus unanimement dans les Eglifes. Cette prérogative n'eft que pour ceux qui ont été inférés de tout tems dans le canon des Ecritures parmi les Hébreux, qui font écrits en leur langue , & qui font paffés de la main des Juifs dans

(f) Lib. 5.

(g) Exod. ch. 26. v. 1. 7.

celles des Chrétiens fans aucune contef-
tation de part ni d'autre. Ceux qui ne
font écrits qu'en Grec, comme la Sageffe , ont fouffert des contradictions,
& l'Eglife toujours attentive & circonf-
pecte dans fes décifions , ne s'eft dé-
terminée qu'avec grand choix, qu'après
de longues délibérations , & fur - tout
que fur le témoignage des Apôtres, qui
en plufieurs endroits en ont imité les
paroles, à le recevoir pour çanonique.
L'Auteur infpiré n'y dit pas qu'Abraham voulut immoler fon fils Ifaac au
tems du déluge ; on ne voit de ces
fauffetés abfurdes que dans le Dictionnaire Philofophique : on lit dans le
Chapitre dixieme , qu'Adam étant tom-
bé au commencement , s'étoit relevé
par la Sageffe ; que Caïn devenu le
meurtrier de fon frere , fon crime &
ceux de fes defcendans avoient attiré
fur la terre les eaux du déluge ; que la
Sageffe avoit confervé Noé au milieu d'une Nation toute corrompue, &
que lorfque les Nations confpirérent

enfemble pour s'abandonner au mal, ce fût-elle qui connût le Jufte ; c'eft-à-dire , Abraham , qui le conferva irré-préhenfible devant Dieu , & qui lui donna la force de vaincre la tendreffe qu'il reffentoit pour fon fils.

Il eft vrai que quelques verfets après, il eft raporté dans le même Chapitre , que la Sageffe tira Jofeph de fes chaînes , & qu'elle lui mit en main le fceptre royal ; ce qui femble ne pas s'accorder avec les paroles du Pentateuque. Mais toute contradiction difparoît quand on fait attention que l'ufage alors , dit Grotius , chez les Hébreux , étoit de nommer Rois les Seigueurs , & toutes les perfonnes élevées aux premieres places du Royaume. Ils avoient pris ces ufages du Pays de Chanaan , où tous les Gouverneurs de Ville même s'apelloient du nom de Rois.

3°. Salomon eft l'Auteur du Livre des Proverbes ; fon nom paroît à la tête & dans le corps de l'Ouvrage. La Synagogue , l'Eglife , les Peres , les

Commentateurs le lui attribuent d'un commun confentement. Les conjectures de Grotius, & les réflexions que le Critique fait d'après ce favant Ecrivain, ne balanceront jamais toutes les auto- rités. Il fe peut faire que les Prover- bes tels que nous les avons, foient un recueil des Sentences de Salomon, fait en divers tems, par différentes perfon- nes, Eliacim, Sobna, Joake, & mi- fes en corps par Efdras, ou par ceux qui revirent les Livres facrés après la capti- vité de Babylone, & qui les rédigé- rent en l'état où nous les voyons : on y remarque un affez grand nombre de Verfets & de Sentences répétées ; ce qui ne feroit pas arrivé fi une feule perfonne eut travaillé de fuite à ce re- cueil ; ceux qui raffemblent toutes les parties difperfées d'un Ouvrage, n'en font pas pour cela toujours les Au- teurs. Salomon nous aprend lui-même (a) que celui-ci eft le fruit de la fageffe & de fes plus grandes Médita-

(a) Eccle. ch. 12. v. 9.

tions, qu'il a été long-tems à faire des recherches, & une étude férieufe avant que d'écrire fes paroles. Pourquoi un Monarque fage, qui connoît l'homme & fes paffions, ne donneroit-il pas à ceux de fes Sujets encore jeunes & fans expérience, des leçons de conduite à l'égard des femmes déréglées ? Pourquoi ne leur répéteroit-il pas fouvent d'en éviter la compagnie, & de méprifer leurs careffes ? Pourquoi un Souverain attentif à s'attacher fon Peuple par la douceur, ne diroit-il pas que le Roi colere eft craint & n'eft pas aimé de fes Sujets, & que fes emportemens font comme les rugiffemens du Lion ? Rien n'eft plus effroyable que le rugiffement de cet animal. Un Prince cruel & emporté, ne porte-t-il pas par-tout l'effroi & la douleur ? parce qu'il a en main l'autorité fouveraine, & que perfonne ne prend la liberté de l'avertir, fouvent il fe rend terrible par des traits d'humeur qui lui échapent, & dont il ne s'aperçoit pas. Heureux les Royau-

mes gouvernés par des Rois d'un caractere doux , humain , bienfaisant !
France ! reconnois-là le portrait de ton
Roi ! Ce furent ces grandes qualités
qui brillent dans son auguste Personne ;
qui jadis te porterent à le surnommer
Louis le Bien-aimé !

Un Ecrivain versé dans l'Antiquité ,
& qui connoît le génie inventif des
Orientaux, peut-il avancer qu'il doute
qu'il y ait eû des verres à boire du
tems de Salomon ; que c'est une invention fort récente ; que toute l'Antiquité ne buvoit que dans des tasses de
bois ou de métal ; & que ce seul passa-
ges des Proverbes : Ne regardez
point le Vin quand il paroit
clair, et que sa couleur brille dans le verre , indique que cet
Ouvrage fut fait par un Juif d'Alexandrie, long-tems après Alexandre ?

Parce que l'art de faire du Verre est
nouveau dans l'Europe, & que l'époque de son invention est récente parmi
nous ; les Peuples des autres parties du

monde , & fur-tout de l'Afie , n'au‑
roient pas pu la trouver? Je penfe qu'ils
ont fait bien d'autres découvertes qui ne
nous font pas.parvenues. Les Miroirs ar‑
dens ont été connus aux Anciens : Archi‑
mede en faifoit ; il fit même une Sphere de
verre , dont les cercles fuivoient les
mouvemens de ceux du Soleil , avec
une régularité admirable. Pourquoi au‑
roit-il été plus difficile aux Hébreux ,
ou Egyptiens leurs voifins qui le pré‑
céderent , & qui entendoient la fonte
des métaux , d'inventer la maniere de
faire du Verre commun , qui eft la der‑
niere opération au pouvoir de l'art par
le moyen du feu?

4°. Enfin , Salomon eft l'Auteur de
l'Eccléfiafte : les premieres paroles du
Livre ; celles des Chapitres fecond ,
douzieme , toutes le difent. Les Juifs
qui en ont toujours été les dépofitai‑
res, en conviennent. Les Chrétiens à
qui ces Peuples l'ont tranfmis , en font
d'accord; quelle attention fur ce fujet ,
peut mériter l'opinion de Grotius ? Je

fai que pour l'apuyer, cet Ecrivain remarque qu'il y a dans ce Livre un grand
nombre de termes étrangers à la Langue Hébraïque pure. Calvonius qui l'a
examiné avec exactitude, qui s'eft même fervi pour cela de toutes les obfervations de Grotius, n'en a trouvé
que quatre, parmi lefquels encore il y
en a deux qu'on peut prouver certainement être Hébraïques. Les deux autres font Chaldéens ou Arabes ; peut-
être étoient - ils dans l'ufage des Hébreux du tems de Salomon. Nous igno-
rons la fécondité & l'étendue de la
Langue de cette Nation ; il eft très-
croyable qu'elle comprenoit autrefois
un très - grand nombre de termes qui
ne fubfiftent aujourd'hui que chez les
Chaldéens & les Arabes.

Les remarques auffi que fait ici le
Contradicteur, ne femblent pas d'une plus
grande importance, au moins pour les
perfonnes qui peuvent lire avec fruit
les faintes Ecritures. Salomon dans tout
le Livre mentionné, fait, felon la pen-

fée

tté de Saint Grégoire le Grand ; (a)
le perſonnage d'un Orateur religieux
qui parle en public, & qui entreprend
de calmer les eſprits de la multitude
émue à l'occaſion fâcheuſe d'une diſ-
pute de Religion, en les rapellant à
ſon pieux ſentiment. L'Orateur pour
s'inſinuer dans les eſprits, expoſe les
diverſes opinions de ſes Auditeurs, les
met dans leur jour, les repréſente dans
toute leur force ; paroît entrer lui-même dans leurs ſentimens ; en un mot, il
fait autant de perſonnages, qu'il y a de
partis divers dans l'aſſemblée qui l'écoute ;
mais tout cela ne tend qu'à déſarmer leur
paſſion, & à renverſer leurs raiſonnemens : tout-d'un-coup il vient à ſon
but, & étendant la main, il conclut
en ces termes : Ecoutons tous la fin
de ce diſcours : Craignés Dieu, & ob-
ſervés ſes Commandemens ; car c'eſt
en cela que conſiſte tout l'homme ; voi-
à où il en vouloit venir, & où en veut
venir l'Auteur ſuſdit de l'Eccléſiaſte,

(a) Greg. mag. Lib. 4. Dialog. ch. 4.

quand après avoir poussé les chofes jufqu'au point où les plus réfolus libertins
pourroient les pouffer ; quand il propofe les raifons les plus plaufibles qu'ils
aient pour s'abandonner aux plaifirs,
nier la Providence, l'immortalité de l'ame;
quand il dit que les Hommes N'ONT
RIEN PLUS QUE LES BÊTES, QU'IL
VAUT MIEUX N'ÊTRE PAS QUE D'E-
XISTER, QU'IL N'Y A POINT D'AUTRE
VIE, QU'IL N'Y A RIEN DE BON QUE
DE SE RÉJOUIR DANS SES ŒUVRES.
On peut interpréter toutefois ces dernieres paroles pour fatisfaire le Contradicteur, édifier les forts, inftruire les
foibles, & dire QUE LES HOMMES
N'ONT RIEN PLUS QUE LES BÊTES;
quant au corps, aux fonctions anima-
les, aux befoins naturels, aux infirmités & accidens de la vie; QU'IL VAUT
MIEUX N'ÊTRE PAS NÉ QUE D'EXISTER,
pour s'abandonner au crime, offenfer
Dieu, & mériter fes éternels châtimens; QU'IL N'Y A POINT D'AUTRE
VIE, à voir celle que le libertin méne

sur la terre, à considérer ses continuels désordres, ses abominations, ses déréglemens ; QU'IL N'Y A RIEN DE BON POUR L'HOMME débauché, QUE DE SE RÉJOUIR DANS SES ŒUVRES corrompues, criminelles & vicieuses.

Salomon qui représente dans cet endroit, en sa personne les faux raisonnemens de l'impie, marque distinctement dans un autre lieu (*a*) sa véritable pensée sur la nature de l'ame : AVANT QUE.... LA CRUCHE SE BRISE SUR LA FONTAINE , QUE LA ROUE SE ROMPE SUR LA CITERNE , QUE LA POUSSIERE RENTRE EN LA TERRE D'OÙ ELLE AVOIT ÉTÉ TIRÉE, ET QUE L'ESPRIT RETOURNE A DIEU QUI L'AVOIT DONNÉ; pensés, dit-il, que tout sur la terre est VANITÉ DES VANITÉS.

* Jesus-Christ chez S. Matthieu, commande au Chrétien de traiter en Païen & en Publicain celui qui n'écoutera pas l'Eglise. (*b*) S. Jean défend de recevoir

*Voyez le ch. Tolerance.

(*a*) Eccle. ch. 12. v. 6. 7. 8.
(*b*) S. Matth. ch. 18. v. 17.

chez foi un Hérétique , même de le fa-
luer. (*a*) Saint Paul ordonne de l'éviter , & de le regarder comme un homme pervers & condamné par fon propre jugement. (*b*) Il eft conftant que
quand on a reçu folemnellement une
Loi fage , on ne peut, fans fe rendre
prévaricateur criminel, refufer de s'y
foumettre. Quel moyen après cela ,
quelques preffantes que paroiffent les
raifons du Contradicteur ? Quel
moyen , dis-je , d'ufer de toléran-
ce envers ceux , qui en matiere de Religion & de Foi , prétendent que tout
doit céder aux lumieres de leur raifon ?
Qui ne reconnoiffent point d'autre Juge ? Qui contefte à l'Eglife le droit ex-
clufif de juger des chofes dogmatiques ?
Qui élevent contr'elle l'étendart de la
rebellion ? Qui font gloire par-tout de
lui réfifter ? Qui regardent en pitié ceux
qui ne penfent pas comme eux ? Je m'ar-

(*a*) 2. Epit. de S. Jean , v. 10.
(*b*) Epit. de S. Paul à Tite , ch. 3. v. 10. 11.

rête pour donner ici plus de lieu à la réflexion.

Naaman véritablement converti à la Religion du vrai Dieu, ne se réserve pas la liberté d'adorer, au moins dans la vérité, le Dieu de son Roi, & Elisée aussi ne lui en accorde pas la permission. Toute inclination n'est pas adoration ; & toute adoration n'est pas adoration véritable. On peut s'incliner sans adorer, & adorer sans le faire d'esprit & de cœur. Ce Général des armées de la Syrie, est obligé par état d'accompagner son Maître dans le Temple ; il s'apuye sur lui quand il s'incline devant l'Idole & qu'il adore ; il est forcé de suivre le mouvement de son Maître, de s'incliner & d'adorer avec lui, non pas comme lui. Ce mouvement est un service extérieur & purement civil qu'il rend au Roi. Cette action toute indifférente qu'elle est dans l'ordre de la Religion, trouble le fervent Naaman ; elle lui cause de l'inquiétude, il suplie Elisée de prier le

Seigneur pour lui. Le Prophete qui fait
qu'il a confeffé publiquement fon since-
re renoncement au culte des Idoles, &
fon attachement folide à la Religion du
vrai Dieu, l'envoie en paix.

Il eft bien différent de permettre qu'une
chofe fe faffe, ou de fouffrir qu'elle
continue de fe faire quand on l'a trou-
vée établie. Il étoit ordinaire dans les
premiers tems de l'Eglife, de voir les
hommes & les femmes indifféremment
prophétifer & expliquer les Ecritures.
Joël l'avoit prédit; (a) & Jefus-Chrift
avoit renouvellé cette prédiction. (b) L'E-
glife de Corinthe avoit reçu avec abon-
dance, ces avantages fpirituels, & les
femmes comme les hommes y avoient
eu part. On abufe fouvent des meilleu-
res chofes; les femmes voulurent paroître dans l'Eglife la tête découverte,
& en cet état y enfeigner publiquement;
il leur avoit été ordonné de tous les
tems, d'y porter un voile. Saint Paul

(a) Joël. ch. 2. v. 28. 29.
(b) Joan. ch. 7. v. 38. 39.

les avoit en vain rapellés en plufieurs rencontres, à la pratique de ce précepte. Il jugea par tous ces traits de défobéiffance, de vanité, d'immodeftie, qu'elles n'étoient plus infpirées par l'Efprit Saint, que c'étoit la parole de la femme, & non celle de Dieu qu'elles annonçoient : Il leur fit défenfe, & la leur renouvella plufieurs fois, d'enfeigner, de parler même déformais dans l'Eglife.

Les femmes parmi les Quakres, comme on peut le voir, ne prêchent pas en vertu de la permiffion de S. Paul. Cette Secte ne prit jamais rien ni de J. C. ni de fes Apôtres ; fes maximes & fes ufages qui font connus aux Anglois, rendent les Quakres & les Quakreffes fouverainement méprifables à cette Nation. Il leur eft défendu pour caufe d...., de s'affembler comme ils faifoient autrefois dans leur Temple, les portes fermées. A Lancefton, ville de la Province de Cornouaille, un Prêtre Irlandois, qui parloit l'Anglois parfaitement, y entra

Il y a quelques années , dans le tems qu'on prêchoit ; il entendit des choses qui le révoltérent ; il interrompit le prétendu inspiré ; il lui fit de vifs reproches , & sortit ; sur le champ le Maire fut informé de cette insulte , il s'en réjouit beaucoup.

* Voyez, si vous voulez, ce ch. en son lieu.   * Le Chapitre ordurier de l'amour Socratique , sera toujours condamné par tous les honnêtes gens. Celui-là seul suffisoit pour engager les sages Magistrats à flétrir tout le Dictionnaire Philosophique , & à le faire brûler ignominieusement : Je ne sai s'il ne décele pas le vieux libertin.

* Voyez le ch. Ange.   * Les noms de Gabriël , Michaël, Raphaël ne passérent jamais pour arbitraires chez les Hébreux. Ces Peuples crurent toujours d'après les divines Ecritures, comme nous le croyons aujourd'hui , que les Etres spirituels qui les portent , les avoient reçu de Dieu même. (a)

(a) Gabriel Daniel , ch. 9. v. 21. Michael , Id , ch. 10. v. 31. Raphael. Tobie, ch. 3. v. 25

(221)

Pour que les paroles raportées dans
un Livre foient authentiques , il n'eft
pas néceffaire que l'Auteur ait des Co-
piftes , qui difent la même chofe ; il
fuffit que l'on convienne de leur authenticité. Moyfe a dit dans la Genefe,
que le Serpent , ou comme on l'interprete , le Démon, cet Ange de ténebres , avoit féduit Eve. On le croit.
Les répétitions de cet Oracle facré feroient inutiles.

* Ce que le Contradicteur dit de la Voyez le ch. Chine.
Chine, mérite-t-il une grande atten-
tion ? Les relations que les Jéfuites
Miffionnaires en ont aportées en Europe , ont-elles été faites fur des Livres bien authentiques ? (a) Qui pourra l'affurer ? Pourquoi parmi les trente-
fix éclipfes de Soleil qui y font raportées , y en a-t-il que l'on croit fauffes

(a) Elles ont été faites , dit-on , fur les Livres de Confucius que l'Empereur Chi-Hoangthi
jadis ordonna de brûler ; que tous les Manda-
rins méprifent aujourd'hui , & qui n'ont de
crédit que parmi le Peuple.

& d'autres douteuſes ? (a) Cette bévue de mauvais Aſtronome , qui eſt
conforme à l'idée que nous avons de
la Chine , ne diroit-elle pas que ces
éclipſes auroient été trouvées par les
Chinois dans un calcul rétrograde ,
qu'ils ne les auroient jamais obſervées
dans le Ciel , & que les trois mille
ans de regne de Fohi, avant notre Ere
vulgaire , & les années de regne des
quatorze Empereurs qui le précédérent , feroient imaginaires ? Elle n'a-
voit pas échapé , je penſerois aux PP.
Jéſuites habiles Mathématiciens & Miſſionnaires zélés pour les intérêts de

(a) Si l'autorité de l'Auteur de l'eſſai ſur
l'Hiſtoire univerſelle , & ſur les mœurs & l'efprit des Nations , depuis Chârlemagne juſqu'à
nos jours , pouvoit être ici de quelque poids ,
je dirois qu'au premier Chapitre du premier
volume de cet Ouvrage, il remarque que le Pere
Gaubil , un des Miſſionnaires Mathématiciens,
qui furent envoyés dans les derniers ſiecles en
Chine; après avoir examiné une ſuite de trente-ſix
éclipſes de Soleil , raportées dans les Livres de
Confucius , n'en avoit trouvé que deux fauſſes &
deux douteuſes.

notre Religion sainte, dont l'objet seul
en communiquant aux Européens, leurs
observations de la Chine, étoit de faire
connoître le caractere de cette Nation,
& de la comparer aux Egyptiens, qui
comme elle jadis, avoient eu la sotte
vanité de vouloir se perdre dans les
ténebres épaisses de l'Antiquité la plus
reculée ; ils ne pouvoient deviner que
le Maître des Sceptiques prétendus de
notre siecle, hasardât jamais de s'en servir pour jetter des doutes dans l'ame
des François, pour leur faire remarquer des Peuples prétendus qui ont
échapé au Déluge que nous disons uni-
versel, & pour essayer même de leur
montrer des Préadamites.

* Il faut que l'homme existe sans contredit avant que de sentir & de penser.
Après la mort de l'homme, quand l'ame,
substance spirituelle, est séparée du corps;
quoique le corps qui est dissous ne sen-
te plus, l'ame qui est incorruptible pense toujours ; l'incorruptibilité & la pensée sont ses deux propriétés, comme la

* Voyez le
ch. Catéch.
Chinois,
troisième Entret.

diſſolution eſt le propre du corps qui eſt matiere.

Vous n'oſeriez pas nier que Dieu ait pouvoir d'animer l'être peu connu, que nous apellons matiere, pourquoi donc ſe ſerviroit-il d'un autre agent pour l'animer ?

C'eſt-à-dire, vous n'oſeriez pas nier que Dieu ait le pouvoir d'animer la pierre, les métaux, les plantes, les ani-maux, pourquoi donc donneroit-il une ame à l'homme ? Outre tous les êtres qui végétent, & les êtres qui reſpirent, que Dieu a fait pour l'homme, il a voulu ſe former une créature qui pût le connoître, le ſervir, l'aimer, l'ado-rer, lui raporter ſes actions & toutes ſes penſées comme à leur premier prin-cipe ; & pour cela il a été néceſſaire qu'il donnât à l'homme une ame ſubſtan-ce ſpirituelle, capable de tous ces actes religieux.

L'ame eſt donc, je le répéte, une ſubſtance ſpirituelle, qui vient de Dieu, quand il plaît à Dieu pour animer nos cœrps ; & vouloir raifonner de l'Etre fuprême comme on feroit de la créature, c'eft une impiété groffiere, qui fait pitié & horreur tout enfemble.

* Quoique l'homme ait le pouvoir de réfifter à la Grace efficace, il ne lui réfifte jamais ; elle a toujours fon effet infailliblement ; dire le contraire, eft vouloir ne pas entendre la force du terme efficace. La Grace fuffifante donne la puiffance d'agir dans les chofes faciles, & le pouvoir de demander dans celles qui font difficiles ; peut-être le Contradicteur malgré les effets réitérés, peu durables à la vérité par fa faute, de cette divine vertu fur fon cœur, ne reconnoît-il pas de Grace efficace. La converfion alors de la Magdelene, du Larron fur la Croix, des Saul, des Auguftin, fera toujours preuve complette contre lui.

* L'Etre matériel feul qui eft compofé de parties, eft fujet à s'altérer. La folie ne peut être l'effet de la maladie de l'ame, qui eft une fubftance fpirituel-

* Voyez le chapit. Catéchifme du Curé.

* Voyez la ch. Folie.

le ; elle eſt cauſée par quelque dérangement dans les fibres , qui ſervent à
former les organes du cerveau. Ce qui
doit néceſſairement arrêter leur jeu , &
empêcher qu'ils ne ſoient propres à recevoir les impreſſions de l'ame , qui
ſont les mêmes , au moins quant à la
juſteſſe dans les ſages & dans les fous.
(a) Ce dérangement qui eſt toujours
plus ou moins grand , explique les différentes eſpeces de folies ; pourquoi il
y a des fous qui raiſonnent dans certains momens , pourquoi il y en a qui
ne raiſonnent jamais.

^{* Voyez le
ch. Grace.}   * La Grace en général eſt un don
gratuit de Dieu ; parmi ſes dons , les
uns ſont naturels , & c'eſt tout ce qui
donne vie & accroiſſement à tous les
êtres qui végétent , & à ceux qui reſpirent ; les autres ſont ſurnaturels , &
c'eſt ce que les Théologiens apellent
Grace ſuffiſante , ou Grace efficace ,

____

(a) Un Organiſte habile veut toucher de l'or-
gue , il met les doigts ſur les touches du Clavier ;
elles réſonnent mal ; dans qui eſt le vice ?

qui font autant de moyens dont Dieu fe fert pour engager l'homme à dé-tefter le vice , & à pratiquer la vertu.

* Qui ne fait qu'il eft un ordre de chofes phyfiques dans lequel l'homme Voyez le ch. Liberté. ne peut faire ufage de fa liberté ? Il n'eft pas libre, par exemple , d'enten-dre ou de ne pas entendre un coup de canon de 36, qui fe tire à peu de dif-tance de lui ; un chien de baffe-cour, qui aboie à la lune près de la maifon où il loge ; un grand parleur qui dit fouvent des fottifes dans la Compagnie où il fe trouve ; un poliffon contre-faire l'âne qui brait dans la place qu'il traverfe , &c. Fai de femblables rai-fonnemens pour combattre la liberté que tous les Théologiens catholiques re-connoiffent dans l'homme , eft abufer de fon difcernement , faire des objections frivoles , & dire des riens. Quand on dit que l'homme eft libre, on entend dans les chofes fpirituelles & mora-les ; il eft libre dans l'ordre des chofes

morales, d'opérer le bien qu'il veüt ;
dans l'ordre des chofes fpirituelles &
méritoires, fecondé de la Grace du
Tout-Puiffant, il eft libre de faire le
bien qu'il lui plaît, de pratiquer la vertu, & de fuir le vice ; de remplir enfin, tous fes devoirs envers Dieu &
envers le prochain.

* Toute l'Antiquité païenne qui a cru l'é-
ternité de la matiere, s'eft trompée, elle
a donné dans bien d'autres erreurs auffi
groffieres ; difons-le, qu'importe que des
hommes aveugles qui admirent jadis la
pluralité des Dieux, & reconnurent
des Divinités fupérieures & fubalter-
nes, (*a*) aient enfanté un femblable
fyftême ;

* Voyez le
ch. Matiere

(a) M.......... qui fe croit ici intéreffé à fe
conferver l'autorité des Empereurs, des Grands,
des Philofophes de l'Antiquité, effaie fans fondement au Chapitre Idole, &c. de perfuader qu'u-
ne vile populace feule jadis futpolythéifte : Je
réponds que tout le raifonnement que cet in-
génieux & adroit Ecrivain fait à ce fujet, n'eft
tout au plus qu'une conjecture qui eft conftam-
ment fauffe ; qu'il n'eft point ordinaire de voir
une baffe & ignorante populace imaginer de,
fyftêmes

fyftême ; un Chrétien éclairé qui fait
que la feule idée jufte & raifonnable
que l'on puiffe avoir de Dieu , eft de
le concevoir comme l'Etre fouverain,
qui n'a ni fupérieur ni égal ; devroit-il
pour cela en nos jours paroître l'adop-

fyftêmes de Religion, que c'eft beaucoup pour
elle de les fuivre ; que d'ailleurs , fi l'on en croit
le Prince des Orateurs Latins dont je rapporte-
rai bientôt les paroles ; les Philofophes anc'ens
étoient bien capables d'enfeigner publiquement
l'abfurde polythéifme. Qu'il y avoit un ancien
Decret chez les Romains , qui défendoit même
à l'Empereur de confacrer aucun Dieu , fans le
confentement du Sénat : qu'Alburnus Dieu de
M. Emile , perdit en conféquence tout enfemble
fa divinité , fon pouvoir & fes adorateurs.
Que les Hiftoires anciennes , facrées & profanes font remplies des noms fameux de perfonnes diftinguées par leur rang , qui rendirent un
culte facrilége aux Simulacres ; que ce ne fut pas
des hommes fans talent , comme fans pouvoir &
fans crédit, qui firent élever les magnifiques Temples des Egyp iens , des Grecs , des Romains ;
que les Sénateurs de l'Aréopage & du Capitole , furent tous Idolâtres ; que les Néron , les
Trajan , Valérien , Dioclétien , Maximien , Julien , & tant d'autres furent les perfécuteurs
d'une infinité de Chrétiens , qui refuférent de
facrifier aux faux Dieux.

P.

ter ? Ecrire que *la Religion ne fut jamais effarouchée qu'un Dieu éternel fut
reconnu comme le Maître d'une matiere éternelle ? Que l'éternité de la matiere n'a nui chez aucun Peuple au culte de la Divinité ?* Si la matiere est éternelle , elle existe nécessairement , elle
tient d'elle seule son existence : Dieu
ne lui a pas donné l'être ; il ne sauroit
lui ôter ; il n'a pas un empire univer-
sel & illimité sur tous les êtres. Si la
matiere est éternelle ; elle est indépen-
dante de Dieu ; elle n'est pas soumise
à son pouvoir ; il n'a pu en disposer
pour former le monde. Si la matiere
est éternelle ; elle est immuable ; sa cons-
titution fait partie de son essence , & ne
peut pas plus changer qu'elle ; ayant
telle disposition par elle-même , elle l'a
nécessairement:dans cette hypothese,Dieu
n'a pu lui donner une nouvelle confor-
mation. Je passe sous silence ce que l'on dit
en Métaphysique , que l'existence éternelle est évidemment la plénitude de l'Etre ;
que la plénitude de l'Etre est la souveraine

perfection ; que la souveraine perfection est cette propriété suprême & infinie qui ne peut convenir qu'à Dieu seul.

La matiere, quels que soient les sentimens de certains prétendus Philosophes anciens & modernes, quoiqu'en dise aussi M....,...; la matiere, dis - je, a donc eu un commencement, & elle aura une fin ; elle n'est pas co-éternelle à Dieu : Il l'a tirée, quand il lui a plu, des ténebres du néant ; elle en est le merveilleux effet de sa parole toute-puissante : il a dit, chante le Roi David dans le cent quarante-huitieme de ses Pseaumes, & tout a été fait : il a commandé, & toutes choses ont été créées : *Ipse dixit & facta sunt : ipse mandavit & creata sunt.*

* Nous naissons tous portés au mal. Nos mauvaises inclinations se dévelopent à mesure que nous avançons en âge ; nous sommes tous naturellement ou orgueilleux, ou ambitieux, ou jaloux, ou avares, ou voleurs, ou intempérans, ou menteurs, ou médisans.

• Voyez le ch. Méch.

ou calomniateurs , ou coleres ; ou traî-
tres , ou vindicatifs, &c. & quoiqu'en
dife le prétendu Sceptique qui entreprend de dire le nombre, & de donner même la lifte des hommes méchans,
& de ceux qui ne le font pas ; je dirai
toujours , & je crois dire vrai, que le
plus parfait d'entre les hommes, eft le
moins imparfait , & celui qui eft le moins
fujet aux vices que je viens de rapeller,

*Voyez le ch. Meffie. * La créance de la venue du Meffie eft
un article fondamental de foi. Les Juifs
nient cette venue, pour effayer de juftifier leur monftrueux déïcide : L'accom-
pliffement des Prophéties de Moyfe ,
d'Ifaïe , de Daniel, de Jérémie , de
Zacharie, de David, de Malachie, qui
l'annonçoient , mérite feul toute notre
attention & notre foumiffion.

Un Ecrivain fenfé devroit-il fe charger de raporter à des Chrétiens, des
rêveries & des fottifes que les Rabbins n'écrivent que pour les Juifs ? Ce
font des aveugles volontaires pour la
plupart qui font aux gages de Synagogues

pour conduire d'autres aveugles. On es-
faieroit en vain de vouloir éclairer les uns
& les autres ; ils font obftinés dans leur
aveuglement , & la durée de leurs ténebres eft prédite.

* Dieu feul , dit Saint Auguftin dans
fon troifieme Sermon de l'Afcenfion , * Voyez le Chap. Ré-furrection.
ne pouvoit mourir , & l'homme feul
ne pouvoit triompher de la mort. Il n'eft
donné qu'à un Homme-Dieu de fe ref-
fufciter lui-même ; Jefus-Chrift , ce divin Meffie , meurt ignominieufement
par les mains des Juifs furieux. Trois
jours après il fe reffufcite felon la promeffe
qu'il en a faite. Les Juifs aveugles ,
fourniffent eux-mêmes fans le vouloir ,
les témoins & les preuves de cette ré-
furrection. Que pourroient-ils dire aujourd'hui contre Jefus-Chrift ce divin
Meffie , Dieu & homme , qui ne foit
à leur condamnation & à leur honte ?

Je puis bien en finiffant , fur-tout,
répéter avec jufte fondement , ce que
j'ai cru devoir avancer d'abord , que
l'Auteur du Dictionnaire Philofophique

portatif ; paroît dans presque tout son Livre, (*a*) moyens attaché à donner ses sentimens, qu'à chercher par des sophismes, les moyens injustes d'embarrasser les Théologiens, de faire illusion au Peuple, & d'agrandir de plus en plus son nom aux dépens de la foi & des mœurs des François ses compatriotes.

(*a*) Les excès impies commis à Abbeville, contre l'image de Jesus-Christ & de la Vierge, par des jeunes gens qui avoient malheureusement lu ce Livre empoisonné, devroient bien pour toujours le détourner d'écrire sur les matieres de Religion, ou du moins y écrivant, le rendre plus circonspect & plus véridique. *Nescio quomodo nihil tam absurde dici potest, quod non dicatur ab aliquo Philosophorum. Cicer. de Divinitate. L. 2.*

F I N.

TABLE

DES MATIERES

Contenues dans ce Volume.

Table des Matieres.

Fin de la Table.

ERRATA.

PAge 2. de la Préface, ligne 4. proportionnée,
lisez proportionnées.

Pag. 7. aux Notes, ligne 3. egrederur, lisez egrederetur.

Pag. 12. ligne 10. tous les, lisez tous ces.

Pag. 18. ligne 4. n'en n'entende, lisez n'en entende.

Pag. 18. ligne 8. omettez par.

Pag. 24. ligne 21. lui, lisez luit.

Pag. 38. ligne 3. Math, lisez Matath.

Pag. 52. ligne 23. plénitu, lisez plénitude.

Pag. 56. ligne 19. de Parthes, lisez de Pâques.

Pag. 60. ligne 18. nacquit, lisez nâquit.

Pag. 62. ligne 19. les rites, lisez les rits.

Pag. 64. ligne 20. Areopagiste, lisez Areopagite.

Pag. 65. ligne 1. de Homelie, lisez de l'Homelie.

Pag. 65. ligne 3. d'Eusebe Cesarée, lisez d'Eusebe
de Cesarée.

Pag. 71. ligne 14. à la Note, égnimatiquement,
lisez énigmatiquement.

Pag. 83. On a omis, Genese en apostille.

Pag. 113. lignes 10 & 11. continuylons, lisez con-
tinuyons.

Pag. 113. ligne 21. par le fain, lisez par le Saint.

Pag. 115. ligne 21. victoires, lisez les victoires.

Pag. 147. ligne 15. subites, lisez subits.

Pag. 152. ligne 4. infruit, lisez instruit.

Pag. 160. ligne 3. quignoroient, lisez qui ignoroient.

Pag. 164. ligne 4. n'en n'avoit, lisez n'en avoit.

Pag. 172. à l'apostille, Chr Cïconcision, lisez Cïr-
concision.

Pag. 174. derniere ligne de la Note, l'ancienne;
lisez anciénne.

Pag. 175. ligne 23. peples, lisez peuples.

Pag. 188. ligne 21. il renia, lisez, il le rénia

Pag. 189. à l'apostille, voie, lisez voiei.

Pag. 194. ligne 22. noces, lisez noce.

Pag. 220. ligne 6. insulté, lisez, insulté.

Pag. 214. ligne 2. moyens, lisez maître.